ILUS SUHTIKOMMIDE KOKARAAMAT

Nautige 100 magusat fantaasiat dekadentlike naudingute, erksate maitsete ja õrnade kohevuse keerutustega

Urmas Kuusik

Autoriõigus materjal ©2024

Kõik õigused kaitstud

Ühtegi selle raamatu osa ei tohi mingil kujul ega vahenditega kasutada ega edastada ilma kirjastaja ja autoriõiguse omaniku nõuetekohase kirjaliku nõusolekuta, välja arvatud ülevaates kasutatud lühikesed tsitaadid. Seda raamatut ei tohiks pidada meditsiiniliste, juriidiliste või muude professionaalsete nõuannete asendajaks.

SISUKORD

- SISUKORD 3
- SISSEJUHATUS 6
- ISETEHTUD PUHVAT 7
  1. KÄSITSI TÕMMATUD SUHKRUVATT 8
  2. MASINAGA VALMISTATUD SUHKRUVATT 10
- **HOMMIKUSÖÖK** **12**
  3. CUTTON CANDY DONUT GLASUURIGA 13
  4. VAHVLID SUHKRUVATI GLASUURIGA 16
  5. SUHKRUVATI HOMMIKUSÖÖGIPARFEE 18
  6. CUTTON CANDY SUFLEE PANNKOOK 20
  7. CUTTON CANDY VALGUPUDING 23
  8. SUHKRUVATI HOMMIKUSÖÖK BAGEL 25
  9. CUTTON CANDY PRANTSUSE RÖSTSAI 27
  10. SUHKRUVATT TÄIDISEGA SARVESAIAD 29
  11. CUTTON CANDY JOGURT PARFE 31
  12. HOMMIKUSÖÖGIPÄEVAD 33
  13. CUTTON CANDY SMOOTHIE BOWL 35
  14. SUHKRUVATI HOMMIKUSÖÖGIKREPID 37
  15. SUHKRUVATI HOMMIKUSÖÖGIMUFFINID 39
  16. CUTTON CANDY MINI DONUTS 41
  17. SUHKRUVATI PANNKOOGIVIRN 44
  18. SUHKRUVATI HOMMIKUSMUUTI 46
  19. SUHKRUVATT HOMMIKUSÖÖGI RÖSTSAI 48
  20. SUHKRUVATT HOMMIKUSÖÖK KAERAHELBED 50
- **SUUPISTED** **52**
  21. PUUVATI-JUUSTUKOOGI KRINGLIHAMMUSTUSED 53
  22. SUHKRUVATI POPKORN 55
  23. CUTTON CANDY RICE KRISPIE MAIUSPALAD 57
  24. CUTTON CANDY WHOOPIE PIRUKAD 59
  25. CUTTON CANDY S'MORES 61
  26. CUTTON CANDY PUPPY CHOW 63
  27. CUTTON CANDY ÜKSSARVIKU SARVED 65
  28. SUUPISTEPALLID SUHKRUVATTIDEGA 67
  29. SUHKRUVATT KRISPIE BAARID 69
  30. CUTTON CANDY CIRCUS KÜPSISED 72
  31. CUTTON CANDY KRINGLIVARDAD 75
  32. CUTTON CANDY ENERGY BITES 77
  33. CUTTON CANDY CAKE POPS 79
  34. CUTTON CANDY ŠOKOLAADIKOOR 81
  35. COTTON CANDY CHEX SEGU 83
  36. CUTTON CANDY GRANOLA BATOONID 85

37. Cutton Candy Marshmallow Pops 87
38. Cutton Candy juustukoogi batoonid 89
39. Suhkruvati täidisega küpsised 91
40. Puuviljakommid vahukommi teraviljadest 93

DIPS 95
41. Cutton Candy Dip 96
42. Cutton Candy Marshmallow Dip 98
43. Cutton Candy Jogurti Dip 100
44. Cutton Candy Chocolate Dip 102
45. Cutton Candy Fruit Dip 104
46. Cutton Candy maapähklivõi kaste 106
47. Cutton Candy vahukoore kaste 108

MAGUSTOIT 110
48. Cutton Candy Éclairs 111
49. Cutton Candy Cupcakes 114
50. No-Churn Cotton Candy jäätis 117
51. Suhkruvati kihiline kook 119
52. Cutton Candy jäätisevõileivad 122
53. Marmorist puuvillased kommid 124
54. Cutton Candy Cookie võileivad 126
55. Cutton Candy Marshmallow Fudge 129
56. Sinine suhkruvati kook 131
57. Suhkruvati küpsised 134
58. Cutton Candy Oreo trühvlid 136
59. Suhkruvatised makaronid 138
60. Cutton Candy Poke kook 141
61. Cutton Candy Creme sulab 143
62. Cutton Candy Mousse 145
63. Suhkruvatt Affogato 147
64. Suhkruvatt Panna Cotta 149
65. Cutton Candy riisipuding 151
66. Cutton Candy Cream Puffs 153
67. Kapriissed pastelsed puuvillased kommiõunad 155
68. Suhkruvatid 158
69. Cutton Candy Dessert Burrito 160
70. Cutton Candy Pannkoogikangid 162
71. Cutton Candy Trifle 164
72. Suhkruvati koogirull 166
73. Cutton Candy juustukook 168

KRASTUS JA GLAASU 171
74. Cutton Candy toorjuustu glasuur 172
75. Cutton Candy Buttercream glasuur 174
76. Cutton Candy Glasuur 176

77. Cotton Candy Swiss besee võikreem 178
78. Suhkruvati glasuur valge šokolaadiga 180
79. Cutton Candy Royal Icing 182
80. Cutton Candy Ganache 184

JOOGID 186

81. Cutton Candy Martini 187
82. suhkruvatt Margarita 189
83. Cutton Candy Milkshake Shots 191
84. Cutton Candy kohv 193
85. Cutton Candy Frappuccino 195
86. Marja-kommikokteil 197
87. Cherry Cotton Candy kokteil 199
88. Unenäoline suhkruvatt Martini 201
89. Fairy Floss Martini 203
90. Cutton Candy Cream Soda 205
91. Sädelev suhkruvatipriTs 207
92. Blue Lagoon Cotton Candy kokteilid 209
93. Cutton Candy kuum šokolaad 211
94. Cutton Candy piimakokteil 213
95. Cutton Candy Sparkler 215
96. Cutton Candy Ananassi sooda 217
97. Cutton Candy jäätee 219
98. Cutton Candy Punch 221
99. Suhkruvati limonaad 223
100. Cutton Candy Mocktail 225

KOKKUVÕTE 227

SISSEJUHATUS

Tere tulemast raamatusse "Ilus suhkruvattide kokaraamat: nautige 100 magusat fantaasiat dekadentsete naudingute, erksate maitsete ja õrnade kohevustega". Eeterliku välimuse ja magusa, suussulava tekstuuriga suhkruvatt on põlvkondade kaupa lummanud südameid ja maitsemeeli. Selles kapriisses kokaraamatus kutsume teid ette teekonda läbi suhkrurikka imedemaa, kus iga retsept tõotab lummada ja rõõmustada.

Suhkruvatt on midagi enamat kui lihtsalt karnevali maiuspala; see on rõõmu, nostalgia ja puhta järeleandmise sümbol. Oma erksate värvide ja õrnade kohevusega on suhkruvatt võime viia meid tagasi muretutesse lapsepõlvepäevadesse ning äratada õnne ja imestust. Selles kokaraamatus tähistame suhkruvati võlu ja uurime selle lõputuid võimalusi köögis.

Alates klassikalistest maitsetest, nagu roosa vanill ja sinine vaarikas, kuni leidlike loominguteni, nagu lavendlilimonaad ja arbuusimünt, näitavad selle kokaraamatu retseptid suhkruvattide mitmekülgsust ja võimet tõsta iga magustoidu uutesse kõrgustesse. Ükskõik, kas ihkate midagi kerget ja puuviljast või dekadentlikult rikkalikku ja šokolaadist, leidub suhkruvattidest inspireeritud maiuspala igaks elujuhtumiks ja maitse-eelistuseks.

Kuid see kokaraamat on midagi enamat kui lihtsalt retseptide kogum; see on loovuse, kujutlusvõime ja järeleandmisrõõmu pidu. Ükskõik, kas korraldate kapriisset teeõhtut, plaanite pidulikku sünnipäeva tähistamist või lubate end lihtsalt magusa maiuspalaga, lisavad need retseptid kindlasti igale sündmusele maagiat.

Nii et olenemata sellest, kas olete kogenud pagar, kes soovib oma repertuaari lisada veidrat pööret, või algaja, kes soovib uurida suhkruvatti inspireeritud magustoitude maailma, on "Ilus suhkruvattide kokaraamat" teile midagi. Olge valmis oma magusaisu rahuldamiseks ja oma sisemise lapse vallandamiseks, kui reisime läbi magusate fantaasiate ja dekadentlike naudingute maailma.

ISETEHTUD PUHVAT

1.Käsitsi tõmmatud suhkruvatt

KOOSTISOSAD:
- 2 tassi suhkrut
- ¼ tassi maisisiirupit
- ½ tl äädikat
- 1 tass vett
- Teie valikul toiduvärv/ekstraktid
- Katteks palju maisitärklist

JUHISED:
a) Puhastage suur ja puhas pind, kus te töötate.
b) Puista pinnale ohtralt maisitärklist, et suhkruvatt ei kleepuks.

VALMISTA SUHKRUSIIRUP:
c) Sega kastrulis suhkur, maisisiirup, äädikas ja vesi.
d) Kuumuta segu keskmisel kuumusel segades kuni suhkur lahustub.
e) Kui suhkur on lahustunud, lõpetage segamine ja laske segul keema tõusta.
f) Kasutage kommide termomeetrit ja kuumutage siirupit, kuni see jõuab kõvade pragude faasi (umbes 300 °F või 150 °C).
g) Eemaldage siirup tulelt ja laske sellel veidi jahtuda.
h) Soovitud värvi ja maitse saavutamiseks lisage omal valikul toiduvärvi või ekstrakte.

KERUTA SUHTI:
i) Kasta mõlema käe sõrmed värvilise ja maitsestatud siirupisse.
j) Hoidke oma käsi ettevalmistatud pinna kohal ja nipsutage sõrmi, lastes siirupil õhukeste kiududena välja keerduda.
k) Laske kedratud suhkrul pinnale langeda, luues suhkruvati.

TÕMBA JA VORMIDA:
l) Kui suhkruvatt on piisavalt kedratud, tõmmake see kätega õrnalt ja vormige see suuremaks kohevamaks massiks.
m) Jätkake tõmbamist ja vormimist, kuni saavutate soovitud suuruse ja kuju.

SERVEERI VÕI PAKENDI:
n) Koguge tõmmatud suhkruvatt kohevateks kimpudeks.
o) Saate seda kohe serveerida või hilisemaks portsjoniteks pakendada.

2.Masinaga valmistatud suhkruvatt

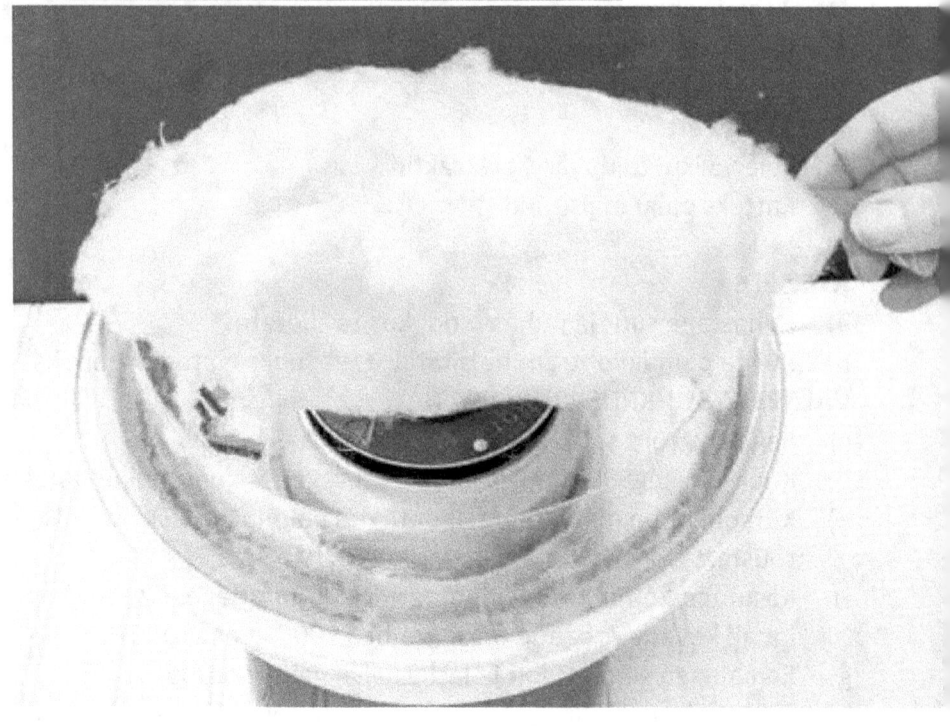

KOOSTISOSAD:
- Niidi suhkur
- Kõva komm

JUHISED:

a) Alustuseks ühendage masin vooluvõrku ja laske sellel 5–10 minutit soojeneda. Kõvade kommide puhul piisab 5-minutilisest soojendamisest, hambaniidisuhkru jaoks aga 10 minutit.

b) Kui seade on piisavalt soojenenud, lülitage seade välja ja lisage ekstraktoripeale kas kommid või hambaniidisuhkur. Kasutada tuleks kahte kõva kommi või lusikatäis hambaniidisuhkrut.

c) Lülitage lüliti uuesti sisse ja näete õrnade, pehmete puuvillatükkide kiiret moodustumist.

d) Hoidke koonust horisontaalselt seadme ülaosa kohal ja pöörake seda pidevalt, et vatt koguneda.

e) Jätkake keeramist, kuni olete kogunud kokku suhkruvatt.

f) Korrake protsessi täiendavate koonustega või jätkake samale koonusele lisamist, et luua sisukas suhkruvatt.

HOMMIKUSÖÖK

3.Cutton Candy Donut glasuuriga

KOOSTISOSAD:
BRIŠŠISÕÕRGUTAINA PUHUL:
- 3 ½ tassi universaalset jahu
- 1 spl kiirpärmi
- ¼ tassi granuleeritud suhkrut
- 1 spl soola
- ¾ tassi täispiima, soojendatud
- 2 suurt muna, toasoe
- 2 tl vaniljekauna pasta või ekstrakti
- 4 spl soolata võid, kuubikutena, toasoe

KOMMIVALGE ŠOKOLAADI GLASUURI PUHUL:
- 1 tass valget šokolaadi, hakitud või laastudena
- ¼ tassi rasket koort
- 1 spl soolata võid, toasoe
- ⅛ teelusikatäis suhkruvatiõli maitseainet
- ¼ tl peent soola
- 3-4 tilka roosat kommivärvi
- ¼ tassi puistad, lõpetuseks

JUHISED:
BRIŠŠISÕÕRGUTAINA PUHUL:
a) Sega segisti kausis jahu, pärm, suhkur ja sool. Vahusta ühtlaseks massiks.
b) Soojendage piim õrnalt temperatuurini 100 F. Kontrollige temperatuuri termomeetriga.
c) Vahusta munad ettevaatlikult piimaga, lisa vanill ja sega kuivainetega.
d) Segage taignakonksuga ja sõtke madalal kuni keskmisel kiirusel 30 minutit.
e) 30 minuti pärast jätka segamist, lisades kuubiku või paari kaupa toasooja või kuubikuid. Enne lisamist laske võil seguneda. Jätkake, kuni kogu või on lisatud.
f) Lase seguneda veel 10 minutit.
g) Eemaldage tainas, vormige veidi pingutatud pall, asetage kergelt õlitatud kaussi, katke ja tõstke tund aega.
h) Torgake tainas alla ja voltige kokku nagu punktis 7.

i) Pange tagasi kaussi, katke kilega ja hoidke üleöö külmkapis.
j) Pärast vähemalt 6-tunnist jahutamist rullige tainas 12-tolliseks ringiks. Tõsta 20 minutiks tagasi külmkappi.
k) Kasutades jahust sõõrikulõikurit, vajutage sõõrikute lõikamiseks otse alla. Tõsta lõigatud sõõrikud küpsetusplaadile küpsetuspaberile.
l) Tõsta tund aega soojas niiskes keskkonnas.
m) Kuumutage õli temperatuurini 325 F. Laske sõõrikud ettevaatlikult õlisse, kasutades pärgamentpaberit, et see häiriks minimaalselt. Prae kuldseks, keera ümber ja nõruta.

KOMMI VALGE ŠOKOLAADI SÕÕRIGLASUURI KOHTA:
n) Valage valge šokolaad, või ja näpuotsaga soola segamisnõusse.
o) Kuumuta koor aurutamiseni, vala šokolaadile ja lase 5 minutit seista.
p) Lisa suhkruvatiõli ja sega ühtlaseks. Soovi korral lisage kommivärvi.
q) Kasta sõõrikud glasuuri sisse ja viimistle puistaga. Omatehtud suhkruvatt on valikuline, kuid veetlev.

4.Vahvlid suhkruvati glasuuriga

KOOSTISOSAD:
- 3 ¼ tassi universaalset jahu või täistera nisujahu
- 2 lusikatäit valgupulbrit, suhkruvatt
- 2 spl küpsetuspulbrit
- 1 tl soola
- 2¼ tassi piima
- 2 muna
- 3 spl võid või kookosõli, sulatatud
- 3 valikulist toiduvärvi
- Pihusta õli

JUHISED:
a) Vahusta kuivained suures kausis.
b) Lisa piim, munad ja sulatatud või (või kookosõli) ning vahusta, kuni tükke ei jää.
c) Eraldage tainas kolme kvarti suurusesse kilekotti.
d) Lisage igasse kotti 4-5 tilka toiduvärvi, sulgege see ja segage seda kätega koti välisküljest, kuni saate ühe ühtse värvi.
e) Korrake sama ülejäänud kottide/värvide puhul. Kuumutage mini vahvlirauda ja pihustage mittenakkuva pihustiga.
f) Lõigake igalt kotilt väike nurk ja tõmmake vahvliraua kohale kõverad jooned, korrake sama ülejäänud värvidega.
g) Sulgege pealmine ja küpseta, kuni tainas on tahke. Te ei taha üle küpsetada, vastasel juhul muutub see pruuniks. Serveeri värskete puuviljadega!

5.Suhkruvati hommikusöögiparfee

KOOSTISOSAD:
- Kreeka jogurt
- Granola
- Värsked marjad
- Suhkruvatt

JUHISED:
a) Laota klaasi või kaussi kihiti Kreeka jogurt, granola, värsked marjad ja väikesed suhkruvatitükid.
b) Korrake kihte, kuni klaas või kauss on täidetud.
c) Kõige peale puista granola ja tükike suhkruvatti.
d) Serveeri kohe ja naudi oma mõnusat suhkruvati hommikusöögi parfeed!

6. Cutton Candy suflee pannkook

KOOSTISOSAD:
CANDY CANDY SOUFFLE PANKOOK:
- 4 muna, eraldatud
- ½ tassi granuleeritud suhkrut, soojendatud
- Värviline suhkur
- ½ tassi jahu
- 6 spl piima
- ¾ tl küpsetuspulbrit
- Õli, praadimiseks

GARNIS:
- Maasikad
- Mustikad
- Maasikakaste

JUHISED:
a) Vahusta suures segamiskausis munakollased, kuni need muutuvad kahvatuks.
b) Lisage munakollastele järk-järgult soe granuleeritud suhkur, jätkates vahustamist, kuni segu on hästi segunenud ja veidi paksenenud.
c) Puista munakollasesegule värvilist suhkrut ja sega ühtlaseks segades õrnalt sisse.
d) Sõelu sisse jahu ja sega ettevaatlikult munakollasesegu hulka, kuni see on lihtsalt segunenud.
e) Sega eraldi kausis piim ja küpsetuspulber. Lisa see segu vähehaaval munakollasele taignale, sega ühtlaseks massiks.
f) Teises puhtas kuivas kausis vahusta munavalged, kuni moodustuvad tugevad piigid.
g) Klopi vahustatud munavalged ettevaatlikult taigna hulka, tagades kerge ja koheva konsistentsi.
h) Kuumuta mittenakkuva pann või küpsetusplaat keskmisel-madalal kuumusel ja määri kergelt õliga.
i) Tõsta osa taignast pannile, moodustades ümmargused pannkoogid. Küpseta, kuni servad hakkavad tahenema ja põhi muutub kuldpruuniks.

j) Keera pannkoogid ettevaatlikult ümber ja küpseta ka teiselt poolt kuldpruuniks ja läbiküpseks.
k) Tõsta pannkoogid pannilt ja lao serveerimistaldrikule.
l) Kaunista värskete maasikate ja mustikatega ning nirista peale maasikakastet, et saada maitset.
m) Serveerige Cotton Candy Suflee pannkoogid kohe ja nautige koheva tekstuuri ja puuviljase magususe meeldivat kombinatsiooni.

7.Cutton Candy valgupuding

KOOSTISOSAD:
- 11,2 untsi suhkruvatti maitselist koort
- 2 spl vaniljemaitselist valgupulbrit
- 1 tl puhast vaniljeekstrakti
- ½ tl punase peedi kristalle (valikuline värvi jaoks)
- Näputäis soola
- Suhkruvaba mungapuuviljade magusaine (valikuline)
- ¼ tassi valgeid chia seemneid
- Valikulised lisandid: marjad, suhkruvati viinamarjad, granola, matcha latte maitsega kookoslaastud, krõmpsuvad küpsised või teie maitse järgi lisandid

JUHISED:
a) Sega kausis või segisti anumas koor või piim, valgupulber, vaniljeekstrakt, punase peedi kristallid ja sool. Vahusta või blenderda tugevalt, kuni see on põhjalikult segunenud. Magusta vastavalt oma maitsele.
b) Lisa chia seemned ja vahusta või mikserda, kuni need on lihtsalt segunenud. Teise võimalusena segage see täielikult, kui eelistate ühtlasemat pudingu tekstuuri.
c) Tõsta segu kaussi või jaota üheportsjonitesse müüripurkidesse, seejärel kata.
d) Laske sellel 10 minutit seista, seejärel vahustage või loksutage korralikult, katke uuesti ja hoidke üleöö külmkapis.
e) Hommikul segage hästi ja reguleerige magusust ja/või piima vastavalt soovitud maitsele ja konsistentsile.
f) Serveeri jahutatult või soojalt koos meelepärase lisandiga.
g) Ülejääke säilib õhukindlas pakendis külmkapis 3–4 päeva.

8.Suhkruvati Hommikusöök Bagel

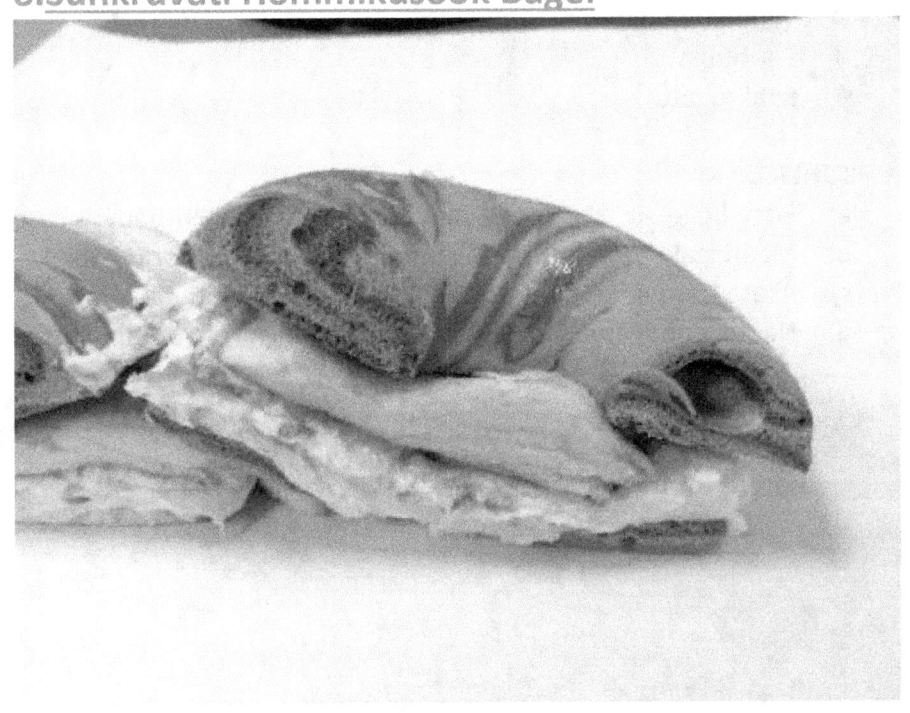

KOOSTISOSAD:
- Vikerkaare bagelid
- Toorjuust
- Suhkruvatt

JUHISED:
a) Rösti bageleid, kuni need saavutavad soovitud krõbeduse taseme.
b) Määri igale röstitud bageli poolele rikkalik kiht toorjuustu.
c) Aseta toorjuustu peale väikesed suhkruvatitükid.
d) Nautige oma ainulaadset ja maitsvat suhkruvatt-hommikusööki!

9.Cutton Candy Prantsuse röstsai

KOOSTISOSAD:
- 4 viilu saia (soovitavalt brioche)
- 2 suurt muna
- ½ tassi piima
- 1 tl vaniljeekstrakti
- ¼ teelusikatäit soola
- ¼ tl jahvatatud kaneeli
- Suklavati maitseaine või ekstrakt (paar tilka maitse järgi)
- suhkruvatt (kaunistuseks)
- Vahtrasiirup (serveerimiseks)

JUHISED:
a) Sega madalas kausis munad, piim, vaniljeekstrakt, sool, jahvatatud kaneel ja paar tilka suhkruvatt, kuni need on hästi segunenud.
b) Kuumutage mittenakkuvat panni või grilli keskmisel kuumusel.
c) Kastke iga leivaviil munasegusse, tagades, et mõlemad pooled oleksid ühtlaselt kaetud.
d) Asetage kaetud saiaviilud kuumale pannile ja küpsetage mõlemalt poolt kuldpruuniks, umbes 2-3 minutit mõlemalt poolt.
e) Pärast küpsetamist tõsta prantsuse röstsaia viilud serveerimistaldrikutele.
f) Kaunistage iga viilu rohke suhkruvatiga, kuni prantsuse röstsai on veel soe ja laske sellel veidi sulada.
g) Nirista vahtrasiirupiga ekstra magususe lisamiseks.
h) Serveerige kohe ja nautige oma veetlevat suhkruvatti prantsuse röstsaia koos suhkruvati maitsega!

10.Suhkruvatt täidisega sarvesaiad

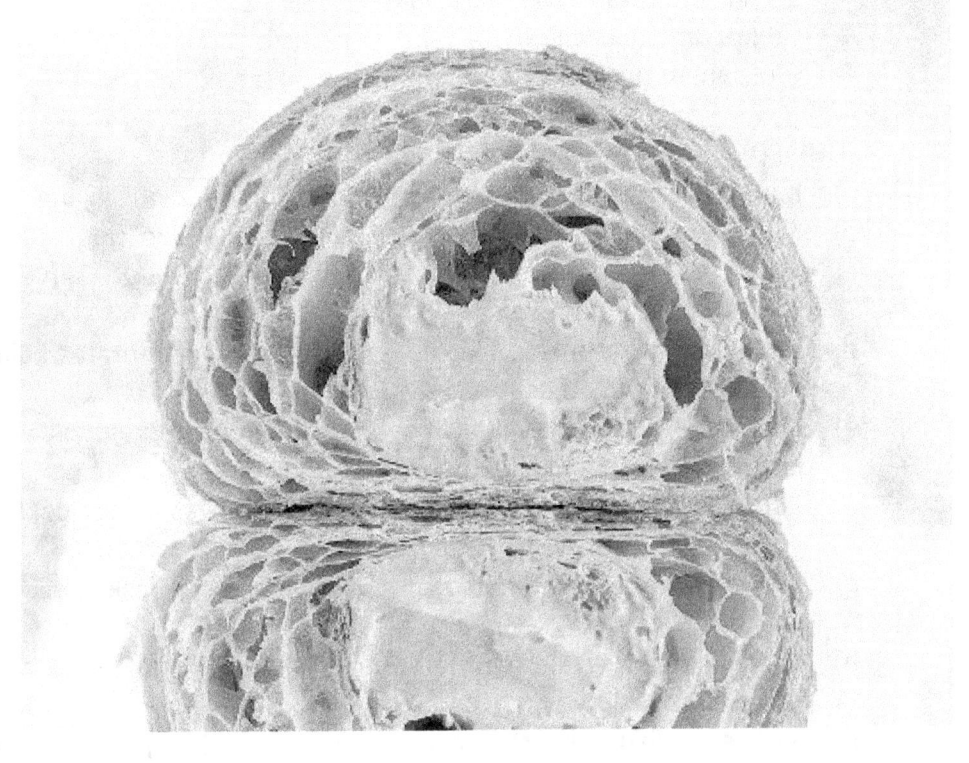

KOOSTISOSAD:
- 1 pakk jahutatud sarvesaia tainast
- suhkruvatt (teie valitud maitse)
- tuhksuhkur (valikuline, tolmutamiseks)

JUHISED:
a) Kuumuta oma ahi sarvesaia taigna pakendil oleva juhise järgi.
b) Rulli sarvesaia tainas lahti ja eralda see üksikuteks kolmnurkadeks.
c) Võtke väike kogus suhkruvatti ja asetage see iga sarvesaia kolmnurga laiemasse otsa.
d) Rulli sarvesaiad kokku, alustades laiast otsast ja keerates küljed sisse, et suhkruvatt sees oleks.
e) Aseta täidetud sarvesaiad küpsetuspaberiga kaetud ahjuplaadile, jättes nende vahele veidi ruumi.
f) Küpseta sarvesaiu eelkuumutatud ahjus vastavalt pakendi juhistele või kuni need on kuldpruunid.
g) Pärast küpsetamist eemaldage sarvesaiad ahjust ja laske neil veidi jahtuda.
h) Valikuline: lisage täidisega sarvesaiad tuhksuhkruga üle, et saada magusust.
i) Serveeri suhkruvatt täidisega sarvesaiad soojalt ja naudi sees libedat suhkruvatti üllatust!

11. Cutton Candy Jogurt Parfe

KOOSTISOSAD:
- 1 tass vaniljejogurtit
- Roosa suhkruvatt
- Sinine suhkruvatt
- Grahami kreekerid, purustatud

JUHISED:
a) Võtke parfee kokkupanemiseks serveerimisklaas või kauss.
b) Alustuseks lisage klaasi põhja kiht vaniljejogurtit.
c) Mõnusa tekstuuri loomiseks asetage jogurti peale väike kogus purustatud Grahami kreekereid.
d) Nüüd lisage Grahami kreekeritele ja jogurtile kiht roosat suhkruvatti.
e) Seejärel lisage veel üks kiht vaniljejogurtit, tagades ühtlase jaotumise.
f) Teise jogurtikihi peale puista veel purustatud Grahami kreekereid.
g) Lisage Grahami kreekeritele kiht sinist suhkruvatti.
h) Korrake protsessi, kuni jõuate klaasi ülaossa, lõpetades viimase suhkruvatikihiga.
i) Soovi korral kaunistage pealisosa väikese suhkruvatitükiga, et saada täiendavat dekoratiivset puudutust.
j) Serveerige kohe ja nautige oma veetlevat suhkruvatijogurti parfeed!

12.Hommikusöögipäevad

KOOSTISOSAD:
- 1 tass Cotton Candy Crunch teravilja
- 1 tass vaniljejogurtit
- 1 kl värskeid marjasegu (maasikad, mustikad, vaarikad)
- Vahukoor
- 2 supilusikatäit mett või vahtrasiirupit (valikuline)
- Puistad kaunistuseks (valikuline)

JUHISED:
a) Alustuseks pange serveerimisnõu põhja kihiti rohke Cotton Candy Crunchi teraviljaga.
b) Tõsta teraviljale lusikaga kiht vaniljejogurtit, tagades ühtlase jaotumise.
c) Lisa jogurti peale kiht segatud marju.
d) Korrake kihte, kuni jõuate roa ülaossa, lõpetades viimase Cotton Candy Crunchi teraviljakihiga.
e) Dollop vahukoort iga päikesekreemi peal.
f) Soovi korral nirista vahukoorele magususe lisamiseks mett või vahtrasiirupit.
g) Lõbusa ja värvilise puudutuse saamiseks kaunista puistatega.
h) Serveerige kohe ja nautige oma mõnusat hommikusöögi sundae!

13. Cutton Candy Smoothie Bowl

KOOSTISOSAD:
- 2 külmutatud banaani
- 1 tass maasikaid
- 1/2 tassi piima või piimavaba alternatiivi
- Suhkruvatt või tegelik suhkruvatt
- Granola
- Värsked puuviljad (valikuline)

JUHISED:
a) Sega segistis külmutatud banaanid, maasikad ja piim.
b) Blenderda ühtlaseks.
c) Vala smuuti kaussi.
d) Soovi korral lisage peale suhkruvatti, granola ja värskeid puuvilju.
e) Nautige oma suhkruvati smuutikaussi!

14.Suhkruvati hommikusöögikrepid

KOOSTISOSAD:
- Kreppitainas
- Toorjuust
- Suhkruvatt
- tuhksuhkur (valikuline)

JUHISED:
a) Valmista kreppitainas oma lemmikretsepti järgi.
b) Küpseta krepid mittenakkuval pannil.
c) Pärast valmimist määri igale kreppile õhuke kiht toorjuustu.
d) Puista toorjuustu peale väikesed suhkruvatitükid.
e) Keera krepid kokku.
f) Puista soovi korral tuhksuhkruga.
g) Serveeri ja naudi oma suhkruvati hommikusöögikreppe!

15.Suhkruvati hommikusöögimuffinid

KOOSTISOSAD:
- Muffinitainas (mustika või vanilje)
- Suhkruvatt

JUHISED:
a) Kuumuta ahi vastavalt muffini retsepti juhistele.
b) Valmista muffinitainas vastavalt juhistele.
c) Täida iga muffinitops poolenisti taignaga.
d) Aseta iga muffinitopsi keskele väike tükk suhkruvatti.
e) Lisa peale veel tainast, et suhkruvatt kataks.
f) Küpseta muffiniretsepti õpetuse järgi.
g) Pärast jahutamist ootavad teid hommikusöögiks üllatus suhkruvattidega muffinid!

16.Cutton Candy Mini Donuts

KOOSTISOSAD:
sõõrikute jaoks:
- 2 tassi puuvillakommi suhkruküpsisegu
- ¼ teelusikatäit söögisoodat
- ⅛ teelusikatäis soola
- 2 muna
- 3 supilusikatäit taimeõli
- ⅓ tassi suhkruvatt Kreeka jogurtit

GLASUURI KOHTA:
- 5 spl piima
- ½ tl vanilli
- 1 tl suhkruvati maitsesegu
- 2 tassi tuhksuhkrut
- Piserdab

JUHISED:
sõõrikute jaoks:
a) Kuumuta ahi temperatuurini 375ºF ja määri minisõõrikupann mittenakkuva küpsetusspreiga.
b) Vahusta suures kausis suhkruküpsisegu, söögisoodat ja soola. Lisa munad, õli ja jogurt ning sega ühtlaseks.
c) Valage tainas suurde plastikust lukuga kotti. Lõika ots ära ühest alumisest nurgast ja täitke iga sõõrikumahuti umbes pooleni.
d) Küpseta ahjus 7-8 minutit või kuni sõõrikud kergelt puudutamisel tagasi vetruvad. Laske sõõrikutel sõõrikupannil 3 minutit jahtuda, enne kui asetate need restile täielikult jahtuma.

GLASUURI KOHTA:
e) Segage väikeses kastrulis piim, vanill ja maitseaine ning kuumutage madalal kuumusel soojaks.
f) Sõelu piimasegusse tuhksuhkur. Vahusta aeglaselt, kuni segu on hästi segunenud.

KOOSTAMA:
g) Tõsta glasuur tulelt ja tõsta kuuma vee kausi kohale.
h) Kastke sõõrikute ülaosad ükshaaval glasuuri sisse ja asetage need restile, mille all on vahapaber, et tilgad kinni püüda. Kohe peale puistata. Glasuur valmib sekunditega, nii et lisage enne sõõrikute kastmist kindlasti puistad.
i) Enne serveerimist laske sõõrikutel 5 minutit taheneda.
j) Sõõrikud püsivad õhukindlas anumas värsked ja pehmed kuni 4 päeva.

17.Suhkruvati pannkoogivirn

KOOSTISOSAD:
- Pannkoogisegu (või omatehtud tainas)
- Suhkruvatt
- Vahtra siirup

JUHISED:
a) Valmista pannkoogitainas pakendi juhiste või lemmikretsepti järgi.
b) Küpseta pannkoogid plaadil või pannil.
c) Lao pannkoogid taldrikule, asetades iga kihi vahele väikesed suhkruvatitükid.
d) Nirista vahtrasiirupiga.
e) Nautige oma kohevat suhkruvatti pannkoogivirna!

18.Suhkruvati hommikusmuuti

KOOSTISOSAD:
- 1 tass vaniljejogurtit
- 1/2 tassi piima või piimavaba alternatiivi
- 1 tass külmutatud segatud marju
- 1/2 tassi suhkruvatti
- Jääkuubikud

JUHISED:
a) Sega segistis vaniljejogurt, piim, külmutatud segamarjad, suhkruvatt ja jääkuubikud.
b) Blenderda ühtlaseks ja kreemjaks.
c) Vala klaasidesse ja serveeri kohe.
d) Soovi korral kaunista iga klaasi servale väike suhkruvatt.

19.Suhkruvatt Hommikusöögi röstsai

KOOSTISOSAD:
- Viilutatud leib
- Toorjuust
- Suhkruvatt

JUHISED:
a) Rösti saiaviilud kuldpruuniks.
b) Määri igale röstsaiaviilule kiht toorjuustu.
c) Aseta toorjuustu peale väikesed suhkruvatitükid.
d) Soovi korral suruge suhkruvatt õrnalt kahvliga toorjuustu sisse, et see kleepuks.
e) Serveeri kohe ja naudi oma veidrat suhkruvatt hommikusöögi röstsaia!

20.Suhkruvatt Hommikusöök Kaerahelbed

KOOSTISOSAD:
- Kaer
- Piim või vesi
- Suhkruvatt

JUHISED:
a) Keeda kaer vastavalt pakendi juhistele, kasutades piima või vett.
b) Kui kaer on keedetud, segage väikesed suhkruvatitükid, kuni need sulavad ja segunevad kaerahelvestega.
c) Enne serveerimist lase kaerahelvestel veidi jahtuda.
d) Soovi korral lisage sellele täiendavat suhkruvatti, et lisada magusust.
e) Nautige oma lohutavat ja mõnusat suhkruvatti hommikusöögikaerahelbeid!

SUUPISTED

21.Puuvati-juustukoogi kringlihammustused

KOOSTISOSAD:
- 4 untsi toorjuustu, pehmendatud
- ½ tl närimiskummi Glasuuri segu (või 1 tl maasika Jellot)
- ½ tl suhkruvatti Glammi segu (või 1 tl marjasinist Jellot)
- 3 tassi tuhksuhkrut
- Mini kringli keerdumised
- 1 tass valge šokolaadi laastud, sulatatud
- Punased, valged ja sinised puistad (valikuline)

JUHISED:
a) Sega ühes kausis pool toorjuustu, vahukummi segu ja 1 ½ tassi tuhksuhkrut. Vahusta, kuni moodustub tainas.
b) Sega teises kausis teine pool toorjuustu, suhkruvatisegu ja ülejäänud tuhksuhkur. Vahusta, kuni moodustub tainas.
c) Rulli punasest ja sinisest taignast ühetollised pallid ja suru iga pall kahe kringli vahele. Pool kringlitest tuleks teha punase ja pooled sinise taignaga. Kui tainas on töötamiseks liiga pehme, pane see enne kringli vahele surumist umbes 15-30 minutiks külmkappi.
d) Kui kringlid on kokku pandud, pane umbes 30 minutiks külmkappi.
e) Kasta pool igast kringlist sulatatud valge šokolaadi sisse ja seejärel lisa peale puistad.
f) Lase šokolaadil taheneda (soovi korral võid külmkappi panna) ja säilita kringlitükid õhukindlas anumas.

22.Suhkruvati Popkorn

KOOSTISOSAD:
- 16-untsine pakend vahukommi või vaniljekommi sulab
- 12 tassi popkorni, jagatud
- ¼ tassi sprinkle
- 2 tassi suhkruvatti, väikesteks tükkideks rebitud
- 3 untsi sinist kommi sulab
- 3 untsi roosat kommi sulab

JUHISED:
a) Sulata vahukommi või vaniljekommide sulatus:
b) Mikrolaineahjukindlas kausis järgi vahukommi või vaniljekommide sulatamiseks pakendil olevaid juhiseid.
c) Asetage 8 tassi popkorni suurde kaussi.
d) Valage sulatatud vahukommi kate popkornile, segades, kuni iga tuum on ühtlaselt kaetud.
e) Segage rebitud suhkruvatti tükid õrnalt kaetud popkorniga, tagades meeldiva jaotumise.
f) Laota suhkruvatiga kaetud popkorn vooderdatud küpsetusplaadile ja puista üle ohtralt oma lemmikpuistega. Laske popkornil jahtuda, luues täiusliku tekstuuride segu.
g) Sulata kahes eraldi kausis sinine ja roosa kommikate.
h) Jagage ülejäänud 4 tassi popkorni võrdselt kahe kausi vahel, asetades kummassegi 2 tassi.
i) Vala sinine kommikate ühes kausis olevale popkornile ja roosa kate teise kausi popkornile. Segage, kuni iga popkornituum on põhjalikult kaetud.
j) Laota sinise ja roosa kattega popkorn eraldi vooderdatud küpsetusplaatidele, laske neil jahtuda ja taheneda.
k) Kombineerige valged, roosad ja sinised popkorni sordid harmooniliseks seguks, mis tõotab igas suutäies maitsepuhangut.

23.Cutton Candy Rice Krispie maiuspalad

KOOSTISOSAD:
- 3 supilusikatäit soolata võid
- 1 10-untsine pakend Mini vahukommid
- 1 1,5 untsi konteiner roosat suhkruvatti
- 6 tassi Rice Krispies tüüpi teravilja
- Roosad, punased ja valged puistad

JUHISED:
a) Vooderda 9 x 13 vorm või küpsetusplaat küpsetuspaberiga.
b) Kuumuta või suures potis keskmisel-madalal kuumusel. Kui või on sulanud, lisa vahukommid. Sega pidevalt, kuni vahukommid on sulanud.
c) Eemaldage pann pliidiplaadilt. Alandage kuumust ja lisage suhkruvatt väga väikeste tükkidena, segades iga lisamise vahel. Sega, kuni kogu suhkruvatt on sulanud.
d) Lisa pannile teravilja ja sega, kuni kõik koostisosad on hästi segunenud.
e) Laota pannile teraviljasegu. Suru segu pannile, kuni see muutub tahkeks.
f) Kaunista puistetega ja vajuta käega soovi korral puistad Rice Krispie maiuste sisse.
g) Enne batoonideks lõikamist laske maiustel umbes 30 minutit täielikult jahtuda.

24.Cutton Candy Whoopie pirukad

KOOSTISOSAD:
- 1 Konfetti koogi segu
- ½ tassi soolata võid, sulatatud
- 1 suur muna
- 1 purk Frosting Creations Frosting Starter
- 1 pakk puuvillase kommide maitsesegu

JUHISED:
a) Kuumuta ahi 350 kraadini.
b) Sega segamisnõus koogisegu, sulatatud või ja muna, kuni moodustub pehme tainas. Pane tainas 20-30 minutiks külmkappi.
c) Veereta tainas 1-tollisteks pallideks ja küpseta 9 minutit. Jahuta restil. Sellest retseptist saab 48 küpsist.
d) Segage Frosting Starter ja Cotton Candy maitsepakett kokku.
e) Asetage 24 küpsist tagurpidi välja. Aseta küpsistele lusikatäis glasuuri ja tõsta peale ülejäänud 24 küpsist.
f) Hoida suletud anumas letis 4-5 päeva.

25.Cutton Candy S'mores

KOOSTISOSAD:
- Vahukommid või Marshmallow Fluff
- Suhkruvatt
- Graham kreekerid
- Piserdab

JUHISED:
a) Kui kasutate vahukomme, röstige neid lahtisel tulel, kuni need on kuldpruunid ja kleepuvad. Kui kasutate vahukommi kohevust, võite selle määrida otse grahami kreekeritele.
b) Võtke tükk suhkruvatti ja asetage see röstitud vahukommi või vahukommi peale.
c) Vajutage võileiva saamiseks õrnalt peale teine Graham kreeker.
d) Soovi korral keerake suhkruvati servad värvi ja magususe lisamiseks puistadesse.

26.Cutton Candy Puppy Chow

KOOSTISOSAD:
- 9 tassi Chexi teravilja (riis, mais või segu)
- 1 tass valge šokolaadi laastud
- ½ tassi kreemjat maapähklivõid
- ¼ tassi soolamata võid
- 1 tl vaniljeekstrakti
- 1 ½ tassi tuhksuhkrut
- 1 ½ tassi suhkruvatti (väikesteks tükkideks purustatud)

JUHISED:
a) Mõõtke suures kausis Chexi teraviljad ja pange kõrvale.
b) Segage mikrolaineahjus kasutatavas kausis valge šokolaadi laastud, maapähklivõi ja või. Küpseta mikrolaineahjus 30-sekundiliste intervallidega, segades iga kord, kuni see on sulanud ja ühtlane.
c) Sega sulatatud segu hulka vanilliekstrakt.
d) Valage sulatatud segu Chexi teraviljadele, keerake õrnalt kokku, kuni teraviljad on ühtlaselt kaetud.
e) Suures kilekotis lisage tuhksuhkur.
f) Viige kaetud Chexi teravili tuhksuhkruga kotti, sulgege kott ja loksutage, kuni teraviljad on hästi kaetud.
g) Laota tuhksuhkruga kaetud teravilja küpsetuspaberiga kaetud ahjuplaadile jahtuma.
h) Kui teraviljasegu on jahtunud, viska sisse suhkruvatt, tagades nende ühtlase jaotumise.
i) Enne serveerimist laske kutsikatoidul täielikult hanguda.
j) Hoida õhukindlas anumas.

27.Cutton Candy Ükssarviku sarved

KOOSTISOSAD:
- suhkruvatt (erinevad värvid)
- Valge šokolaadi laastud või kommid sulavad
- Söödavad särad või puistad (valikuline)

JUHISED:
a) Võtke väike kogus suhkruvatti ja rullige see õhukeseks piklikuks kujuks, et moodustada ükssarviku sarv. Kui soovite mitmevärvilist efekti, korrake seda erinevate värvidega.
b) Sulata valge šokolaadi laastud või sulatatud kommid vastavalt pakendi juhistele.
c) Kasta iga suhkruvati sarvi põhi sulatatud valgesse šokolaadi, et luua kindel ja stabiilne põhi.
d) Soovi korral puista märjale šokolaadile kaunistuseks söödavaid litreid või värvilisi puid.
e) Aseta ükssarviku sarved pärgamendiga vooderdatud alusele või taldrikule ning lase šokolaadil tarduda ja taheneda.
f) Kui šokolaad on tahenenud, on teie Cotton Candy Unicorn Horns nautimiseks valmis!

28. Suupistepallid suhkruvattidega

KOOSTISOSAD:
- 2 tassi suhkruvatti maitsestatud teravilja (nt Cotton Candy Crunch)
- 1 tass vahukomme
- 2 spl soolata võid
- ½ tassi suhkruvatti (täiendava maitse ja kaunistuse saamiseks)
- Sprinkles (valikuline, täiendavaks kaunistamiseks)

JUHISED:
a) Mõõtke suures segamisnõus välja 2 tassi suhkruvatti maitsestatud teravilja. Kõrvale panema.
b) Sega mikrolaineahjus kasutatavas kausis vahukommid ja soolata või. Küpseta mikrolaineahjus 30-sekundiliste intervallidega, vahepeal segades, kuni vahukommid on täielikult sulanud ja võiga hästi segunenud.
c) Vala sulatatud vahukommi segu suhkruvati maitselisele teraviljale ja sega kiiresti, kuni teravili on ühtlaselt kaetud.
d) Lase segul veidi, kuid mitte täielikult jahtuda, sest soovid, et see oleks pallideks vormimiseks elastne.
e) Vormige segust võiga määritud või kleepumise vältimiseks küpsetuspreiga kaetud kätega väikesed pallid. Soovi korral lisage iga palli keskele väike tükk suhkruvatti, et saada maitset.
f) Valikuline: veeretage suhkruvatti suupistepalle kaunistuseks täiendavas suhkruvatis või puistates.
g) Asetage suupistepallid pärgamendiga vooderdatud alusele, laske neil jahtuda ja asetage need täielikult seisma.
h) Kui suhkruvati snäkipallid on seatud, on need nautimiseks valmis!

29.Suhkruvatt Krispie baarid

KOOSTISOSAD:
- 4 spl soolavõid pluss veel 1/2 spl panni määrimiseks
- 10 untsi kotid vahukommid/minivahukommid
- 3 tassi Rice Krispie teravilja
- 3 tassi suhkruvatti pluss 1/2 tassi katteks
- 1/2 tassi valge šokolaadi laastud
- 1 tl kookosõli

JUHISED:

a) Määri 8×8-tolline küpsetuspann võiga või vooderda küpsetuspaberiga. Kui kasutate pärgamentpaberit, määrige pärgament kergelt mittenakkuva pihustiga. Kõrvale panema.

b) Lisage suurde kaussi Rice Krispie teravili ja pange kõrvale.

c) Sulata või keskmisel kuumusel väga suures potis või mittekleepuval pannil. Kui see on sulanud, lisa vahukommid. Segage segu kummist spaatli või puulusikaga, kuni vahukommid on täielikult sulanud.

d) Eemaldage kuumusest, seejärel kühveldage kohe pool segust Rice Krispie Bowli ja keerake spaatliga kokku. Veenduge, et iga teraviljatükk oleks vahukommi seguga kaetud. [See on väga kleepuv]

e) Seejärel pühkige üleliigne ja seejärel segage Cap'n Crunchi teraviljad pannil olevasse segusse. Jällegi veenduge, et iga teraviljatükk oleks kaetud vahukommi seguga.

f) Tõsta Rice Krispie segu ettevalmistatud pannile. Kummist spaatliga (kerge määrimine aitab) määri segu õrnalt pannile sobivaks. Määri tasase spaatli tagaosa kergelt rasvaga ja suru segu väga õrnalt pannile alla. Ärge pakkige seda jõuga kokku, vaid vajutage lihtsalt kergelt alla, et see pannil kindlalt kinni oleks.

g) Tehke sama Cap'n Crunchi segu ja selle ühe ülaosaga. Lisage peale ülejäänud Cap'n Crunch teravilja (1/2 tassi), et katta kõik vahed, ja vajutage kergelt alla. Video siin

h) Laske maiuspaladel toatemperatuuril tarduda vähemalt 1 tund ja kuni 1 päev. Kui jätate kauemaks kui mõneks tunniks, katke see tihedalt kinni.

i) Tõsta riisi-krispie maiuspalad küpsetuspaberi abil tervikuna pannilt välja.
j) Kui kasutate võipanni meetodit. Kasutage väikest lõikelauda või tasast taldrikut ja asetage see näoga allapoole mehe peale. Seejärel keerake pann tagurpidi ja eemaldage pann, mis vabastab maiuse. Seejärel aseta peale teine lõikelaud või taldrik ja keera uuesti ümber.
k) Lõika üheksa ruutudeks. [Vaadake samm-sammult pilte, et näha, kuidas seda ühtlaseks muuta]
l) Lisage väikesesse mikrolaineahjuga kaussi šokolaaditükid ja kookosõli. Seejärel küpseta mikrolaineahjus 30 sekundit kuni 1 minutini. Segage väikese teelusikaga, kuni see on täielikult sulanud.
m) Tilgutage teelusikaga iga riba sik-sak mustriga. [Vaata pilte allpool] Video siin
n) Katke ja säilitage järelejäänud maiused toatemperatuuril kuni 3 päeva. Säilitamiseks asetage kihtidena pärgamendi- või vahapaberilehtede vahele.

30.Cutton Candy Circus küpsised

KOOSTISOSAD:
SUHKRUPUHVATAINA KOHTA:
- 2 tassi universaalset jahu
- 1 tass suhkruvatti (värviline suhkur)
- 1 tass soolata võid, pehmendatud
- 1 tass valge šokolaadi laastud

TÄITMISEKS:
- Täidisega suhkruvatt (erinevad värvid)
- Härmas loomakreekerid

KÜLMUTAMISEKS:
- 1 tass tuhksuhkrut
- 2 spl soolata võid, pehmendatud
- 2 spl piima
- ½ tl vaniljeekstrakti
- Värvilised puistad (valikuline, kaunistamiseks)

JUHISED:
VALMISTAGE SUHKRUVAVIVATI SUHKRUTAIGAS:
a) Vahusta segamisnõus pehme või ja suhkruvatt, kuni see on hästi segunenud.
b) Lisa vähehaaval jahu, sega kuni moodustub tainas.
c) Voldi sisse valge šokolaadi laastud.
d) Jagage tainas võrdseteks osadeks ja vormige need ümmargusteks. Tõsta umbes 30 minutiks külmkappi.
e) Kuumuta ahi temperatuurini 350 ° F (180 ° C).

KOKKUVÕTE JA KÜPSETA:
f) Võtke iga jahutatud tainas ringi ja tasandage see. Asetage keskele väike kogus suhkruvatti ja keerake tainas üle, et suhkruvatt katta.
g) Tõsta täidetud tainas küpsetuspaberiga kaetud ahjuplaadile.
h) Küpseta 10-12 minutit või kuni servad on kergelt kuldsed. Laske neil täielikult jahtuda.

VALMISTA KRASTUS:
i) Vahusta kausis tuhksuhkur, pehme või, piim ja vaniljeekstrakt ühtlaseks massiks.

KÜLMUTA JA KAUNISTA:
j) Kui küpsised on jahtunud, määri glasuur iga küpsise peale.
k) Kaunista värviliste puistadega piduliku hõngu saamiseks.

LISA KÜRMUTUD LOOMAKREEKERID:
l) Suru külmutatud loomakreekerid õrnalt iga küpsise peale jäävasse.
m) Lase glasuuril taheneda ja naudi.

31. Cutton Candy kringlivardad

KOOSTISOSAD:
- Kringli vardad
- Valge šokolaadi laastud
- Suhkruvatt

JUHISED:
a) Sulatage valge šokolaaditükid mikrolaineahjus kasutatavas kausis vastavalt pakendi juhistele.
b) Kasta iga kringlipulk sulašokolaadi sisse, kattes umbes 3/4 vardast.
c) Puista kringlipulga šokolaadiga kaetud osale kohe purustatud suhkruvatt.
d) Aseta kringlivardad küpsetuspaberiga kaetud ahjuplaadile ja lase šokolaadil taheneda.
e) Kui šokolaad on tahenenud, on teie suhkruvati kringlipulgad nautimiseks valmis!

32.Cutton Candy Energy Bites

KOOSTISOSAD:

- 1 tass vanaaegset kaera
- 1/2 tassi kreemjat maapähklivõid
- 1/4 tassi mett
- 1/4 tassi jahvatatud linaseemneid
- 1/4 tassi mini šokolaaditükke
- 1/4 tassi purustatud suhkruvatti
- 1 tl vaniljeekstrakti

JUHISED:

a) Sega kausis kaer, maapähklivõi, mesi, jahvatatud linaseemned, šokolaaditükid, purustatud suhkruvatt ja vaniljeekstrakt.
b) Segage, kuni see on hästi segunenud.
c) Rullige segu väikesteks, umbes 1-tollise läbimõõduga pallideks.
d) Aseta pallid küpsetuspaberiga kaetud ahjuplaadile.
e) Hoidke vähemalt 30 minutit külmkapis, et energiahammustused saaksid tahkuda.

33.Cutton Candy Cake Pops

KOOSTISOSAD:
- 1 karp koogisegu (teie valitud maitse)
- Koogisegu jaoks vajalikud koostisosad (munad, õli, vesi)
- Jäätus (teie valitud maitse)
- Suhkruvatt
- Pulgakommi pulgad
- Kommid sulavad või šokolaaditükid (valikuline)

JUHISED:
a) Valmista koogisegu karbil oleva juhendi järgi.
b) Pärast küpsetamist ja jahtumist murendage kook suurde segamisnõusse.
c) Lisa murendatud koogile glasuur ja sega, kuni segu on hästi segunenud ja segu püsib koos.
d) Veereta segust väikesed pallid ja torka igasse pallikese sisse pulgakommipulk.
e) Sulata kommid või šokolaaditükid (kui kasutad) ja kasta iga koogitükk sulatatud kattesse, lastes ülejäägil maha tilkuda.
f) Kuni kate on veel märg, puista koogitopside peale purustatud suhkruvatt.
g) Aseta koogid püstiselt alusele või küpsetuspaberiga kaetud ahjuplaadile, et kate hanguks.
h) Kui suhkruvatt on hangitud, on need nautimiseks valmis!

34.Cutton Candy šokolaadikoor

KOOSTISOSAD:
- 12 untsi valget šokolaadi, tükeldatud
- Suhkruvatt maitsestatud siirup
- Kaunistuseks suhkruvatt
- Skittles või M&Ms

JUHISED:
a) Vooderda ahjuplaat küpsetuspaberiga.
b) Mikrolaineahjus kasutatavas kausis sulatage valge šokolaad 30-sekundiliste intervallidega, segades iga intervalli vahel, kuni see on ühtlane.
c) Segage suhkruvatti maitsestavat siirupit, kuni see on täielikult segunenud.
d) Vala sulatatud šokolaad ettevalmistatud ahjuplaadile ja aja ühtlaselt laiali.
e) Puista sulašokolaadile purustatud suhkruvatitükid ja keeglid või M&M'S.
f) Hoia külmkapis 1-2 tundi või kuni taheneb.
g) Kui koor on hangunud, purustage koor tükkideks ja serveerige.

35. Cotton Candy Chex segu

KOOSTISOSAD:
- 4 tassi Chexi teravilja (mis tahes sorti)
- 1 tass kringlipulgad
- 1 tass mini vahukomme
- 1/2 tassi valge šokolaadi laastud
- 1/4 tassi suhkruvatti

JUHISED:
a) Segage suures segamiskausis Chexi teraviljad, kringlipulgad ja minivahukommid.
b) Sulatage valge šokolaaditükid mikrolaineahjus kasutatavas kausis vastavalt pakendi juhistele.
c) Vala sulatatud valge šokolaad teraviljasegule ja sega ühtlase kattekihini.
d) Puista segule purustatud suhkruvatt ja sega õrnalt jaotamiseks.
e) Laota segu küpsetuspaberiga kaetud ahjuplaadile ning lase jahtuda ja taheneda.
f) Kui Chexi segu on tahenenud, purustage see tükkideks ja nautige oma magusat ja krõmpsuvat suhkruvatti Chexi segu!

36.Cutton Candy Granola batoonid

KOOSTISOSAD:
- 2 tassi vanaaegset kaera
- 1 tass krõbedat riisiterahelbe
- 1/2 tassi mett
- 1/2 tassi kreemjat maapähklivõid
- 1/4 tassi purustatud suhkruvatti
- 1/4 tassi mini šokolaaditükke

JUHISED:
a) Segage suures segamiskausis kaer ja krõbe riisihelbed.
b) Kuumuta väikeses potis mesi ja maapähklivõi madalal kuumusel, kuni need on sulanud ja hästi segunenud.
c) Valage maapähklivõi segu kaera ja teravilja segule ning segage, kuni see on ühtlaselt kaetud.
d) Sega hulka purustatud suhkruvatt ja minišokolaaditükid.
e) Suru segu tugevalt vooderdatud ahjuvormi ja pane vähemalt 1 tunniks külmkappi tahenema.
f) Kui olete hangunud, lõigake kangideks ja nautige omatehtud suhkruvattidega granolabatoone!

37. Cutton Candy Marshmallow Pops

KOOSTISOSAD:
- Suured vahukommid
- Suhkruvatt
- Pulgakommi pulgad

JUHISED:
a) Torka igasse vahukommi pulgakommipulk.
b) Aseta igale vahukommile väike tükk suhkruvatti, vajutades õrnalt, et see kinnituks.
c) Serveeri niisama või rösti vahukommi õrnalt, et muuta see lõbusaks.
d) Nautige oma kohevaid ja värvilisi suhkruvatti vahukommipoppe!

38. Cutton Candy juustukoogi batoonid

KOOSTISOSAD:

- 1 1/2 tassi grahami kreekeripuru
- 1/4 tassi suhkrut
- 1/2 tassi soolata võid, sulatatud
- 16 untsi toorjuustu, pehmendatud
- 1/2 tassi suhkrut
- 2 muna
- 1 tl vaniljeekstrakti
- Suhkruvatt maitsestatud siirup
- Kaunistuseks suhkruvatt

JUHISED:

a) Kuumuta ahi temperatuurini 350 °F (175 °C) ja vooderda küpsetusvorm küpsetuspaberiga.
b) Sega kausis Grahami kreekeripuru, suhkur ja sulatatud või.
c) Suru segu ettevalmistatud ahjuvormi põhja, et tekiks koorik.
d) Vahusta teises kausis toorjuust, suhkur, munad ja vaniljeekstrakt ühtlaseks massiks.
e) Segage paar tilka suhkruvatti maitsestavat siirupit, kuni see on hästi segunenud.
f) Vala toorjuustusegu koorikule ja aja ühtlaselt laiali.
g) Küpsetage 25-30 minutit või kuni servad on hangunud ja keskosa kergelt tõmbunud.
h) Laske täielikult jahtuda, seejärel jahutage vähemalt 2 tundi või kuni see on jahtunud.
i) Lõika kangideks ja kaunista igat tükki enne serveerimist väikese suhkruvatitükiga.

39. Suhkruvati täidisega küpsised

KOOSTISOSAD:
- Eelvalmistatud küpsisetainas või isetehtud küpsisetainas
- Suhkruvatt

JUHISED:
a) Kuumuta oma ahi vastavalt küpsisetaigna juhistele.
b) Võtke väike osa küpsisetainast ja tasandage see käes.
c) Asetage taigna keskele väike tükk suhkruvatti.
d) Voldi tainas ümber suhkruvati, tagades, et see oleks täielikult kaetud.
e) Aseta täidetud küpsisetainapallid küpsetuspaberiga kaetud ahjuplaadile.
f) Küpseta küpsisetaigna juhiste järgi kuldpruuniks.
g) Laske veidi jahtuda, enne kui naudite oma üllatusvat suhkruvatti täidetud küpsiseid!

40. Puuviljakommid vahukommi teraviljadest

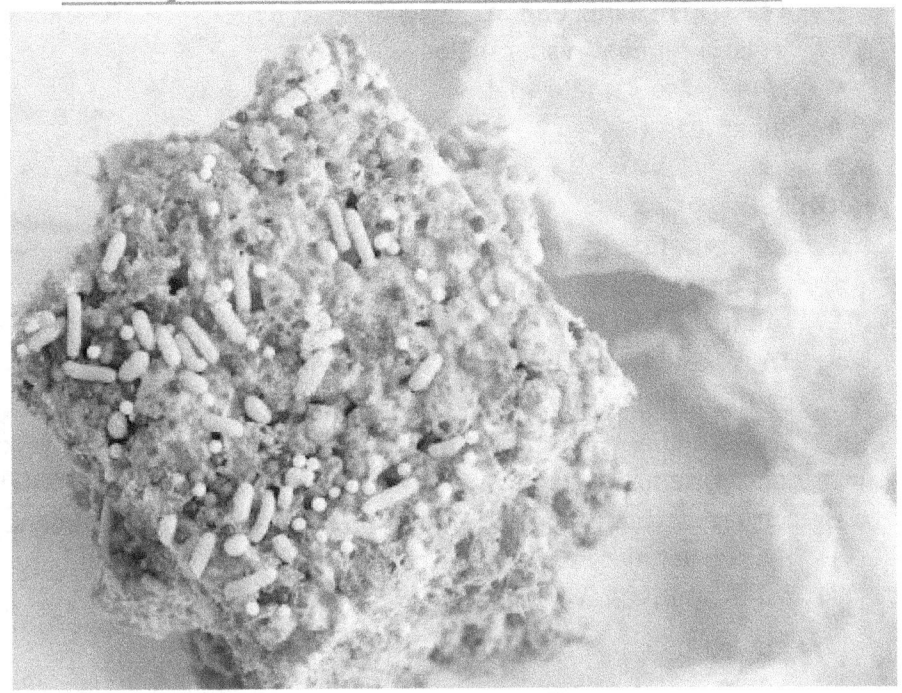

KOOSTISOSAD:
- 4 tassi mini vahukomme
- 6 tassi krõbedat riisiterahelbe
- 1/4 tassi soolamata võid
- Suhkruvatt

JUHISED:
a) Suures potis sulata madalal kuumusel või.
b) Lisa potti minivahukommid ja sega, kuni need on täielikult sulanud ja ühtlased.
c) Tõsta pott tulelt ja sega hulka krõbedad riisiterahelbed, kuni see on ühtlaselt kaetud.
d) Lisa segule väikesed suhkruvatitükid ja voldi õrnalt kuni jaotumiseni.
e) Suru segu võiga määritud ahjuvormi ning lase jahtuda ja taheneda.
f) Kui see on tahkunud, lõigake ruutudeks ja nautige oma suhkruvatt vahukommi teraviljadest!

DIPS

41. Cutton Candy Dip

KOOSTISOSAD:
- 8 untsi plokk-toorjuustu, pehmendatud
- 1 tass rasket vahukoort
- 2 untsi suhkruvatti
- ½ tassi tuhksuhkrut
- geeljas toiduvärv (soovi korral)

JUHISED:
a) Valage vahukoor väikesesse kaussi ja lisage suhkruvatt. Kreem lahustab suhkruvati koheselt. Vahusta koor mikseri abil, kuni moodustuvad pehmed piigid. Kõrvale panema.
b) Sega keskmises kausis toorjuust ja tuhksuhkur ühtlaseks massiks.
c) Sega sisse vahukooresegu.
d) Soovi korral lisage soovitud värvi saavutamiseks paar tilka geelist toiduvärvi.
e) Jahuta tund aega ja serveeri koos küpsiste või grahami kreekeritega.

42. Cutton Candy Marshmallow Dip

KOOSTISOSAD:
- 1 tass vahukommi kohevaks
- 1/2 tassi vahukoort
- 2 spl suhkruvatti maitsestavat siirupit
- Kaunistuseks suhkruvatt

JUHISED:
a) Sega kausis kokku vahukommi kohev, vahukoor ja suhkruvatt-maitseaine siirup.
b) Segage, kuni see on hästi segunenud ja kreemjas.
c) Tõsta dipikaste serveerimiskaussi ja kaunista pealt suhkruvatiga.
d) Serveeri puuviljavarraste, kringli või kastmiseks mõeldud küpsistega.

43. Cutton Candy Jogurti Dip

KOOSTISOSAD:
- 1 tass kreeka jogurtit
- 2 spl mett
- 1/4 tassi suhkruvatti maitsestavat siirupit
- Kaunistuseks suhkruvatt

JUHISED:
a) Vahusta segamisnõus kreeka jogurt, mesi ja suhkruvatt-maitseaine siirup ühtlaseks massiks.
b) Tõsta dipikaste serveerimiskaussi ja kaunista pealt suhkruvatiga.
c) Serveeri kastmiseks värskete puuviljaviilude, kringli või Grahami kreekeritega.

44. Cutton Candy Chocolate Dip

KOOSTISOSAD:
- 1 tass šokolaaditükke
- 1/2 tassi rasket koort
- 2 spl suhkruvatti maitsestavat siirupit
- Kaunistuseks suhkruvatt

JUHISED:
a) Kuumuta mikrolaineahjus kasutatavas kausis šokolaaditükid ja koor 30-sekundiliste intervallidega, kuni need on sulanud ja ühtlased, vahepeal segades.
b) Segage suhkruvatt-maitseaine siirupit, kuni see on hästi segunenud.
c) Tõsta dipikaste serveerimiskaussi ja kaunista pealt suhkruvatiga.
d) Serveeri kringli, vahukommi või kastmiseks mõeldud puuviljadega.

45. Cutton Candy Fruit Dip

KOOSTISOSAD:
- 1 tass vahukommi kreemi
- 8 untsi toorjuustu, pehmendatud
- 1/4 tassi suhkruvatti maitsestavat siirupit
- Kaunistuseks suhkruvatt

JUHISED:
a) Vahusta segamiskausis vahukommikreem ja pehme toorjuust ühtlaseks massiks.
b) Segage järk-järgult suhkruvatt, kuni see on hästi segunenud.
c) Tõsta dipikaste serveerimiskaussi ja kaunista pealt suhkruvatiga.
d) Serveeri dippimiseks erinevate värskete puuviljadega.

46.Cutton Candy maapähklivõi kaste

KOOSTISOSAD:
- 1 tass kreemjat maapähklivõid
- 1/2 tassi tuhksuhkrut
- 1/4 tassi suhkruvatti maitsestavat siirupit
- Kaunistuseks suhkruvatt

JUHISED:
a) Vahusta segamisnõus kreemjas maapähklivõi ja tuhksuhkur ühtlaseks massiks.
b) Segage järk-järgult suhkruvatt, kuni see on hästi segunenud.
c) Tõsta dipikaste serveerimiskaussi ja kaunista pealt suhkruvatiga.
d) Serveeri kringlite, õunaviilude või kastmiseks mõeldud kreekeritega.

47. Cutton Candy vahukoore kaste

KOOSTISOSAD:
- 1 tass rasket koort
- 1/4 tassi tuhksuhkrut
- 1/4 tassi suhkruvatti maitsestavat siirupit
- Kaunistuseks suhkruvatt

JUHISED:
a) Vahusta kausis koor ja tuhksuhkur, kuni moodustuvad tugevad piigid.
b) Sega õrnalt sisse suhkruvatt-maitseaine siirup, kuni see on ühtlaselt jaotunud.
c) Tõsta vahukoorekaste serveerimiskaussi ja kaunista pealt suhkruvatiga.
d) Serveeri kastmiseks küpsiste, puuviljade või koogiga.

MAGUSTOIT

48.Cutton Candy Éclairs

KOOSTISOSAD:
CHOUX SAIA JAOKS:
- 1 tass vett
- ½ tassi soolamata võid
- 1 tass universaalset jahu
- 4 suurt muna

TÄIDISEKS:
- 2 tassi suhkruvatt-maitselist saiakreemi

KOMMIVALT GARNISEKS:
- Katteks suhkruvatt

GLASUURI KOHTA:
- ½ tassi valget šokolaadi, tükeldatud
- ¼ tassi soolamata võid
- 1 tass tuhksuhkrut
- ¼ tassi kuuma vett

JUHISED:
CHOUX KÜPSETIS:
a) Kuumuta ahi temperatuurini 375 °F (190 °C) ja vooderda küpsetusplaat küpsetuspaberiga.
b) Sega kastrulis vesi ja või. Kuumuta keskmisel kuumusel, kuni või sulab ja segu keeb.
c) Eemaldage tulelt, lisage jahu ja segage intensiivselt, kuni segu moodustab palli.
d) Lase tainal mõni minut jahtuda, seejärel lisa ükshaaval munad, iga lisamise järel korralikult kloppides.
e) Tõsta tainas torukotti ja piibu ekleerid ettevalmistatud küpsetusplaadile.
f) Küpseta umbes 30 minutit või kuni kuldpruunini. Lase jahtuda.

TÄITMINE:
g) Valmista suhkruvatt-maitseline saiakreem. Klassikalisele kondiitrikreemi retseptile võid lisada suhkruvatt-maitseainet või purustatud suhkruvatti või kasutada eelnevalt valmistatud suhkruvatimaitselist kondiitrikreemi.
h) Täida ekleerid kotikese või väikese lusika abil suhkruvati maitselise kondiitrikreemiga.

PUHVAKOMMIDE GARNIS:
i) Vahetult enne serveerimist lisage igale ekleerile tükike suhkruvatti, et saada omapärane puudutus.

GLASE:
j) Kuumakindlas kausis sulata valge šokolaad ja või kahekordse katla kohal.
k) Tõsta tulelt, lisa tuhksuhkur ja sega järk-järgult kuumas vees ühtlaseks massiks.
l) Kastke iga ékleeri ülaosa valge šokolaadi glasuuri sisse, tagades ühtlase katvuse. Laske üleliigsel maha tilkuda.
m) Aseta glasuuritud ekleerid alusele ja lase jahtuda, kuni valge šokolaad on tahenenud.
n) Serveeri jahutatult ja koge Cotton Candy Éclairs'i magusat nostalgiat!

49. Cutton Candy Cupcakes

KOOSTISOSAD:
VANILLIKOOGID
- 1⅓ tassi tavalist jahu
- 1½ teelusikatäit küpsetuspulbrit
- ¼ teelusikatäit soola
- ½ tassi soolamata võid, toatemperatuur
- ¾ tassi tuhksuhkrut
- 2 suurt muna, toasoe
- 1½ tl vaniljeekstrakti
- ½ tassi piima, toatemperatuur

KOMMIVALT KRASTUS
- ½ tassi võid, toatemperatuur
- 4 tassi tuhksuhkrut või tuhksuhkrut
- 2-3 supilusikatäit piima
- Paar tilka suhkruvatti maitseainet
- Paar tilka toidugeeli nagu sinakas, lilla ja violetne

JUHISED:
a) Eelsoojenda ahi 180 C (350 F) standard / 160 C (320 F) ventilaatoriga. Vooderda 12-auguline muffiniplaat koogivooderdistega.
b) Sõeluge jahu, küpsetuspulber ja sool kaussi ning vahustage omavahel. Vahusta koorvõi ja suhkur suures segamiskausis elektrilise vispliga umbes 3-4 minutit või kuni see on kahvatu ja kreemjas.
c) Lisa ükshaaval munad ja klopi ühtlaseks. Eraldi kannus lisage piimale vanilliekstrakt.
d) Lisage umbes üks kolmandik jahusegust ja pool piimasegust. Voldi õrnalt spaatliga kokku, seejärel lisa veel kolmandik jahust ja ülejäänud piim. Viimasena lisa viimane jahusegu. Teie koogitainas peaks olema mõnus ja kreemjas. Püüdke mitte üle segada.
e) Täida valmis koogikastid. Küpseta ahju umbes 16-18 minutiks või kuni koogid on pealt kuldsed ja kergelt puudutades vetsuvad tagasi. Tõsta koogikesed restile täielikult jahtuma.

f) Glasuuri valmistamiseks kreemita või elektrimikseriga kreemjaks ja kahvatuks. Sõelu sisse pool tuhksuhkrust ja üks supilusikatäis piima.
g) Vahusta ühtlaseks ja seejärel lisa ülejäänud tuhksuhkur ja piim. Kui sulle tundub, et segu on liiga kuiv, lisa veel üks supilusikatäis piima. Lihtsalt olge ettevaatlik, sest soovite, et glasuur oleks piisavalt paks, et hoida oma kuju toruga ühendamisel. Lisage maitse järgi paar tilka suhkruvatt.
h) Jaotage glasuur kolme eraldi kaussi. Lisage igasse kaussi paar tilka toiduvärvi ja segage lusikaga, kuni saavutate soovitud värvi.
i) Haarake oma torukotti ja sisestage selle otsa suur täheots. Lisage väga õrnalt lusikatäied ühte glasuuri ja proovige seda hoida koti ühel küljel. Korrake ülejäänud värvidega. Põhimõtteliselt proovite panna värvid torukotti vertikaalselt istuma. Sa ei pea olema täpne, lihtsalt andke endast parim.
j) Vajutage õrnalt alla, et eemaldada kõik õhumullid ja suruge glasuur allapoole. Keera koti ülaosa ja glasuur koogikestele. Esimesel pole tõenäoliselt kõiki kolme värvi, nii et kasutage seda proovikatsena.

50.No-Churn Cotton Candy jäätis

KOOSTISOSAD:
- 2 tassi väga külma tugevat vahukoort
- 1 14 untsi purk magustatud kondenspiima, külm
- 2 tl suhkruvatt maitseainet
- Toiduvärv roosa ja sinine (valikuline)

JUHISED:
a) Asetage leivavorm ja suur kauss ning vahustage sügavkülmikus umbes 30 minutit, enne kui olete valmis neid kasutama. Veenduge, et vahukoor ja kondenspiim oleksid väga külmad.
b) Vahusta vahukoor suures kausis või mikseri kausis, kuni moodustuvad tugevad piigid, mis tavaliselt võtab aega umbes 4 minutit.
c) Sega keskmises kausis kokku magustatud kondenspiim ja suhkruvatt, kuni saadakse ühtlane konsistents.
d) Lisage kondenspiimasegu vahukoorele vähehaaval, keerates seda õrnalt sisse. See samm tagab imalalt sileda tekstuuri.
e) Jagage segu kahte eraldi kaussi, igas kausis on umbes 3 tassi. Kapriisi lisamiseks kasutage ühes kausis roosat toiduvärvi ja teises sinist.
f) Võta leivavorm või anum sügavkülmast ja tilguta sinna lusikatäied jäätisesegu.
g) Suurendage visuaalset atraktiivsust, piserdades panni ülaosa lõbusate pritsmete või jimmidega. Olge oma valikutes loominguline!
h) Lase jäätisel taheneda, asetades selle ööseks sügavkülma. See samm tagab kindla ja veetleva tekstuuri, mis rahuldab teie magusaisu.

51. Suhkruvati kihiline kook

KOOSTISOSAD:
TOOGI JAOKS:
- 1 tass täispiima
- 6 suurt munavalget
- 2 tl suhkruvati ekstrakti
- 2 ¼ tassi koogijahu
- 1 ¾ tassi granuleeritud suhkrut
- 4 tl küpsetuspulbrit
- Piserdab
- 12 spl Võid
- Roosa või sinine toiduvärv (valikuline)

KOMMISUHTI LIHTSIIRUPI KOHTA:
- ½ tassi puuvillakommi suhkrut
- ½ tassi vett

SUHVATILISE KOMMI KÜRMIMISEKS:
- ½ tl suhkruvati ekstrakti
- 3 pulka soolavõi, pehmendatud
- 5 tassi tuhksuhkrut
- 2-3 supilusikatäit tugevat vahukoort

VALIKULINE GARNISEKS:
- Cutton Candy või kivikommid

JUHISED:
TOOGI JAOKS:
a) Kuumuta oma ahi temperatuurini 350 ° F. Määri kaks 8- või 9-tollist koogivormi ohtralt võiga ja jahuga ning tõsta kõrvale.
b) Vahusta suures klaasist vedeliku mõõtetopsis piim, munavalged ja suhkruvatt. Pange see maagiline segu kõrvale.
c) Vahusta suures segamiskausis jahu, suhkur, küpsetuspulber ja puistad. Vahusta jahusegu ja või madalal kiirusel muredaks, umbes 3 minutit.
d) Kui mikser on madalal kuumusel, klopi sisse kõik peale ½ tassi piimasegu. Suurenda kiirust keskmisele ja klopi umbes 3 minutit ühtlaseks.
e) Vajadusel kraapige kausi küljed alla. Vahusta ülejäänud piimasegu, kuni segu on lihtsalt segunenud.

f) Segage tainast lõplikult kummist spaatliga, kraapides kausi põhja, et kõik oleks täielikult segunenud. Vala tainas ühtlaselt ettevalmistatud vormidesse, silu pealt ära.
g) Küpseta umbes 20 minutit või kuni ülaosad on pruunid ja keskkohad kerkivad kergelt puudutamisel tagasi.
h) Eemaldage ahjust ja laske koogidel umbes 5 minutit vormides jahtuda, enne kui keerate need restile täielikult jahtuma.

KOMMISUHTI LIHTSIIRUPI KOHTA:
i) Vahusta väikeses raskes kastrulis keskmisel kuumusel suhkruvatt ja vesi, kuni segu keeb. Keeda 3 minutit, aeg-ajalt segades, kuni suhkur on lahustunud ja segu katab lusika selja.
j) Valage siirup väikesesse tassi või kaussi ja asetage külmikusse, kuni see jahtub.

KÜRMUMISEKS:
k) Vahusta mikseri kausis või, lihtne siirup ja suhkruvatt keskmisel kiirusel ühtlaseks massiks.
l) Kui mikser on madalal kuumusel, lisa aeglaselt tuhksuhkur, kuni see on segunenud. Lisage rõõsk koor, suurendage aeglaselt mikseri kiirust kõrgele ja vahustage üks minut, kuni see muutub heledaks ja kohevaks.

KOOSTAMINE JA GARNISEERIMINE:
m) Pane jahtunud kook kokku ja külmuta ning soovi korral kaunista kommidega.

52.Cutton Candy jäätisevõileivad

KOOSTISOSAD:
- Suhkruvati maitseline jäätis
- Pehmed suhkruküpsised (poest ostetud või omatehtud)
- Pritsid (valikuline)

JUHISED:
a) Lase suhkruvatt-maitselisel jäätisel toatemperatuuril veidi pehmeneda.
b) Asetage küpsise alumisele küljele kulbitäis jäätist.
c) Tõsta peale veel üks küpsis, vajutades õrnalt alla, et jäätist saaks.
d) Rulli jäätisevõileiva ääred soovi korral puistadesse.
e) Korrake ülejäänud küpsiste ja jäätisega.
f) Asetage jäätisevõileivad vähemalt 1 tunniks sügavkülma tahenema.
g) Kui suhkruvatijäätisevõileivad on kõvad, on need nautimiseks valmis!

53.Marmorist puuvillased kommid

KOOSTISOSAD:
- 24 untsi valge šokolaadi koor
- 1 purk (14 untsi) magustatud kondenspiima
- 2 tl suhkruvati ekstrakti
- Helesinine toiduvärvi geel
- Heleroosa toiduvärvigeel

JUHISED:
a) Vooderdage 8x8-tolline pann alumiiniumfooliumi või pärgamentpaberiga, tagades fudge'i hiljem hõlpsa vabastamise.
b) Asetage valge šokolaadi koor mikrolaineahjus kasutatavasse kaussi. Küpsetage seda mikrolaineahjus 30-sekundiliste intervallidega, sageli segades, kuni koor on täielikult sulanud.
c) Lisage sulatatud valgele šokolaadile magustatud kondenspiim ja suhkruvatt, luues suurepärase fudge põhja.
d) Jagage fudge segu kahte kaussi. Lisa ühte kaussi väike kogus sinist toiduvärvi geeli ja teise roosat. Reguleerige kogust vastavalt oma toiduvärvi geeli intensiivsusele.

KOOSTAMINE:
e) Tilguta igat värvilist segu suvaliselt ettevalmistatud pannile.
f) Kasutage hambaorki, et keerutage värve oskuslikult kokku, luues lummava marmorist välimuse, mis peegeldab suhkruvattide kapriissust.
g) Hoidke fudge'i külmkapis vähemalt 2 tundi või kuni see on kindel ja tahenenud.
h) Kui fudge on hangunud, lõigake see meeldivateks tükkideks, millest igaüks kehastab suhkruvattide maitsete maagilist segu. Serveeri ja vaata rõõmu avanemist!

54. Cutton Candy Cookie võileivad

KOOSTISOSAD:
KOMMIVALT KÜPSISE VÕILEIBADE KOHTA:
- 1-¼ tassi granuleeritud suhkrut
- ½ tassi soolamata võid, toatemperatuur
- ¼ tassi petipiima
- 1 muna
- 1 tl JRC Liquid Cotton Candy* või suhkruvati maitseainet
- 2–¼ tassi universaalset jahu
- ¾ tl söögisoodat
- ¼ teelusikatäit soola
- ½ tl küpsetuspulbrit
- 1 tilk pehmet roosat geelist toiduvärvi
- 1 tilk taevasinist geeli toiduvärvi

VÕIKREEMI JAOKS:
- 1 tass soolata võid, toatemperatuur
- 1-½ tassi kondiitri suhkrut
- 2 tl JRC Liquid Cotton Candy* või suhkruvati maitseainet
- 1 tilk pehmet roosat geelist toiduvärvi
- 1 tilk taevasinist geeli toiduvärvi

JUHISED:
VALMISTA SUHKRUKÜPSISED:
a) Kuumuta ahi 350 kraadini F ja vooderda küpsetusplaadid küpsetuspaberiga.
b) Vahusta koorsuhkur ja või mikseriga heledaks ja kohevaks vahuks.
c) Sega väikeses kausis kokku pett, muna ja suhkruvatt. Lisage aeglaselt võisegule, segades kuni täieliku segunemiseni.
d) Lisa jahu, sooda, sool ja küpsetuspulber ning sega, kuni tainas kokku tuleb ja kausi külgedelt eemaldub.
e) Jaga tainas ja lisa ühele osale roosat toiduvärvi ja teisele sinist. Keerake tainas õrnalt kokku.
f) Tõsta tainas küpsetuspaberiga kaetud ahjuplaatidele ja tasanda peopesa põhjaga.
g) Küpseta 6-10 minutit, kuni ääred hakkavad pruunistuma.

VALMISTA VÕIKREEM:

h) Vahusta võid segistis umbes 2 minutit. Lisa vähehaaval kondiitrisuhkur, seejärel vahusta keskmisel kuumusel 2 minutit, kuni see muutub heledaks ja kohevaks.
i) Lisa suhkruvatt ja vahusta kõrgel veel minut aega.
j) Jaga võikreem ja värvi üks portsjon roosaks ja teine siniseks.

KOOSTAMINE:
k) Kandke võikreem vaheldumisi roosa ja sinise värviga torukotti, mis on varustatud otsaga nr 8B.
l) Valage pooltele küpsistele võikreem, jättes servade ümber ½-tollise rõnga.
m) Aseta peale ülejäänud küpsised, vajuta õrnalt, et tekiks võileivaküpsised.
n) Käsitsemise hõlbustamiseks jahutage külmikus.
o) Hoia küpsiseid õhukindlas anumas külmkapis kuni 4 päeva.

55. Cutton Candy Marshmallow Fudge

KOOSTISOSAD:
- 2 tassi suhkrut
- ¾ tassi võid
- 12 untsi valget šokolaadi või vaniljelaastu
- 7-untsi purki vahukommi kreem
- ¾ tassi rasket vahukoort
- 1 ½ tl suhkruvatti maitseainet
- Roosa toiduvärv

JUHISED:
a) Vooderdage 13x9-tolline pann fooliumiga ja piserdage seda ohtralt mittenakkuva pihustiga.
b) Looge Fudge Base:
c) Segage kastrulis madalal kuumusel suhkur, või, raske koor ja või. Segage, kuni suhkur on täielikult lahustunud.
d) Kui segu on lahustunud, lase keema tõusta, segades pidevalt umbes 4 minutit.
e) Tõsta tulelt ja blenderda vahukommikreemi ja vanillilaastudega, kuni kõik laastud on sulanud.

FUDGE KIHT:
f) Valage ¾ fudge segust ettevalmistatud fooliumiga vooderdatud pannile.
g) Lisage kastrulis ülejäänud fudge segule suhkruvatt, segades, kuni see on hästi segunenud.

LOO KEEREID:
h) Tilguta või nirista lusikatäied suhkruvatt-maitselist segu juba pannil olevale fudge peale.
i) Tilgutage 2–3 tilka roosat toiduvärvi erinevatesse kohtadesse fudge'i peale. Kasutage võinuga, et fudge läbi lõigata, tekitades kütkestavaid pööriseid.
j) Kata pann kaanega ja lase fudge'il külmikus taheneda.
k) Kui fudge on tahenenud, eemaldage see pannilt, tõstes seda koos fooliumiga. Lõika meeldivateks ruutudeks.

56.Sinine suhkruvati kook

KOOSTISOSAD:
KOOGI KOOSTISOSAD
- 355 ml Cotton Candy Soda – vajadusel võib kasutada soodat
- 1–15 untsi kasti valge koogi segu
- Helesinine toiduvärv, valikuline

KÜLMUTUSE KOOSTISOSAD
- 1 tass suhkruvatti – või kasutage 1 tl suhkruvati maitseekstrakti
- 1/2 tassi võid, pehmendatud
- 4 tassi tuhksuhkrut
- 1-2 spl piima
- Helesinine toiduvärv, valikuline
- Pastelsed sprinklid, vastavalt soovile

JUHISED:

a) Kuumuta ahi 350 kraadini F.
b) Määrige 9" x 11" pajaroog ja asetage kõrvale.
c) Vahusta suures kausis valge koogi segu ja suhkruvatt 2 minutit. Soovi korral reguleerige värvi helesinise toiduvärviga. (Kui kasutate, muutke koogitainas sügavamalt siniseks, kui soovite, et valmis kook oleks, sest see muutub küpsetamisel heledamaks.)
d) Küpseta 25-30 minutit, kuni torgatud hambaork tuleb puhtana välja.
e) Enne glasuuri panemist lase koogil täielikult jahtuda.
f) Vahepeal asetage 1 tass suhkruvatti kastrulisse ja kuumutage keskmisel-kõrgel kuumusel keemiseni.
g) Vähendage keskmisele madalale tasemele ja hautage, kuni see on vähenenud 1/4-ni (2 untsi soodat peaks alles jääma). Lase täielikult jahtuda.
h) Vahusta suures kausis või ja tuhksuhkur 2 minutit, seejärel lisa vähendatud suhkruvatt.
i) Klopi seguks, seejärel lisa vastavalt vajadusele piima, et saavutada määritav tekstuur. Soovi korral reguleerige värvi sinise toiduvärviga.
j) Kasutage nihkespaatlit, et määrida jahtunud koogile glasuur.
k) Piltidel kujutatud lõbusa tekstuuri saavutamiseks kasutage glasuuri määrimiseks lühikesi liigutusi, seejärel nihutage jäätunud koogile ja karedage seda veidi.
l) Kaunista kook vastavalt soovile pritsmetega.

57.Suhkruvati küpsised

KOOSTISOSAD:
- 1 tass toasoe soolata võid
- 1 ¼ tassi granuleeritud suhkrut
- 1 muna või ⅓ tassi aquafabat
- 1 tl suhkruvatti maitseainet
- ½ tl vaniljeekstrakti
- 2 tassi universaalset jahu
- 1 ½ tl küpsetuspulbrit
- ½ tl soola

JUHISED:
a) Kuumuta ahi 350 kraadini F ja vooderda küpsetusplaat küpsetuspaberiga. Kõrvale panema.
b) Sega keskmises kausis kokku universaalne jahu, küpsetuspulber ja sool. Kõrvale panema.
c) Vahusta mikseriga suhkur ja või heledaks ja kohevaks vahuks.
d) Lisage muna või aquafaba, suhkruvatt ja vaniljeekstrakt. Segage, kuni see on hästi segunenud.
e) Lisa jahusegu aeglaselt madalal temperatuuril segades märgadele koostisainetele. Kui tainas on kokku tulnud, jagage see kaheks osaks.
f) Pange üks partii tainast tagasi mikserisse ja lisage roosa geeljas toiduvärv, segades aeglaselt, kuni see on segunenud.
g) Puhastage kaussi kergelt ja lisage seejärel ülejäänud tainas, mis sisaldab sinist geeli toiduvärvi, ja segage madalal kuumusel, kuni see on hästi segunenud.
h) Kasutage ¼ mõõtetopsi kasutades pool sinist ja pool roosat tainast, rullige need kokku palliks ja asetage vooderdatud ahjuplaadile.
i) Küpseta 10-12 minutit või kuni servad on kergelt kuldsed.
j) Nautige oma veetlevaid suhkruvatti suhkruküpsiseid!

58.Cutton Candy Oreo trühvlid

KOOSTISOSAD:
- 20 Cotton Candy Oreo küpsist
- 6 untsi toorjuustu, pehmendatud
- 1 pakk (12 untsi) sulab sinine komm (vanilje maitse)
- 1 pakk (12 untsi) roosad kommid sulavad (vanilje maitsega)

JUHISED:
a) Asetage küpsiseplaadile pikk vahapaberileht ja asetage see kõrvale.
b) Aseta kogu Oreos köögikombaini ja pulsi, kuni need on peeneks purustatud. Teise võimalusena, kui teil pole köögikombaini, võite asetada Oreod suurde Ziploci kotti, sulgeda selle ja purustada küpsised taignarulliga, kuni need on peeneks purustatud.
c) Lisa purustatud Oreosele toorjuustu tükid ja pulbeeri köögikombainis, kuni segu on ühtlaselt niisutatud, moodustades "taigna", mis on täielikult segunenud.
d) Võtke segu välja ja vormige sellest 1-tollised pallid, seejärel asetage need ettevalmistatud küpsiseplaadile. Need võivad olla segased, kuid see on okei.
e) Aseta trühvlid umbes pooleks tunniks (või kauemaks) sügavkülma.
f) Sulata šokolaad vastavalt pakendil olevale juhisele. Kui kasutate kahte värvi, sulatage peamine, millesse trühvlid kastete. Vältige kõrbemist. Mikrolaineahjus küpsetades tehke seda 20-30-sekundiliste intervallidega poole võimsusega, segades iga kord.
g) Eemaldage trühvlid sügavkülmast, vormige need vajadusel kätega ümber ja kastke kahvli, kahe kahvli või hambaorku abil sulašokolaadi sisse. Veenduge, et need oleksid ühtlaselt kaetud ja laske liigsel šokolaadil maha voolata.
h) Tõsta trühvlid tagasi ahjuplaadile ja lase šokolaadil taheneda.
i) Kui kasutate teist värvi, sulatage see šokolaad, kui teine šokolaad on juba trühvlitele asetatud. Nirista see üle tõmblukuga kotiga, mille nurk on ära lõigatud, või mis tahes eelistatud meetodil.
j) Hoia trühvleid õhukindlas anumas kaetult kuni serveerimiseni külmkapis. Nad külmutavad ka hästi.

59.Suhkruvatised makaronid

KOOSTISOSAD:
KOMMIVALT MAKARONID
- ½ tassi + 2 spl ülipeent mandlijahu - blanšeeritud
- ½ tassi tuhksuhkrut
- Umbes 2 suure muna väärtuses (55 g) laagerdunud munavalget
- Valikuline: näputäis hambakivikreemi
- ¼ tassi + 1 tl granuleeritud suhkrut
- Valikuline: geeljas toiduvärv

VÕIKREEMI KURTMISEKS
- ¼ tassi soolamata võid, toatemperatuur
- 1 tl vaniljeekstrakti või vaniljekauna pasta
- ⅛ teelusikatäis soola
- 1 tl suhkruvati ekstrakti
- Valikuline: roosa geeljas toiduvärv
- 1 tass tuhksuhkrut
- 2 tl rasket koort

JUHISED:
KOMMIVALT MAKARONID

a) Sõelu 70 g ülipeent mandlijahu ja 63 g tuhksuhkrut suurde kaussi ning tõsta kõrvale.

b) Valage 55g laagerdunud munavalgeid vispliga statsionaarse mikseri kaussi ja segage keskmisel kiirusel, kuni munavalgete pind on kaetud väikeste mullidega. Lisage näputäis hambakivi ja jätkake segamist, kuni saavutate pehme tipu.

c) Lisage munadele 55 g granuleeritud suhkrut ja segage keskmisel kiirusel 30 sekundit. Soovi korral lisa selles punktis roosat geeljas toiduvärvi, seejärel tõsta segamiskiirus keskmise-kõrgele. Jätkake segamist, kuni moodustuvad jäigad, läikivad tipud.

d) Voldi kuivained kahes lisandis ringjate liigutustega besee sisse, kuni spaatlilt kerkimisel paks taignariba maha jookseb. Olge ettevaatlik, et mitte tainast üle segada!

e) Valage tainas suurde keskmise suurusega ümmarguse toruotsaga torukotti ja asetage ettevalmistatud küpsetusplaatidele 1 ¼-tollised ringid, asetades need üksteisest umbes 1 tolli kaugusele.

f) Koputage panne paar korda tugevalt vastu letti, et õhumullid vabastaksid, seejärel koputage allesjäänud õhumullid, mis pinnale tulevad, hambatikuga.
g) Laske makroonidel 30 minutit seista, et nahk tekiks. Makaronid peaksid pärast koore moodustumist matid välja nägema.
h) Kui makaronid puhkavad, soojendage ahi temperatuurini 300 F.
i) Küpsetage ahju keskmisel siinil üks plaat makarone korraga 16-17 minutit ja keerake pann poole peal ringi.
j) Võta ahjust välja ja lase makaronidel pannil jahtuda (umbes 15 minutit), seejärel eemalda need õrnalt silpat matilt.

VÕIKREEMI VÕIKREEMIDE KROME

k) Vahusta 56g toasooja võid keskmisel kiirusel vispliga 1-2 minutit, kuni see muutub heledamaks ja ühtlaseks.
l) Segage aeglasel kiirusel 4 g vaniljeekstrakti, 1 g soola, 4 g suhkruvati ekstrakti ja tilk roosat geeljas toiduvärvi.
m) Sega aeglaselt madalal kiirusel sisse 125g tuhksuhkrut ja 10g koort.
n) Jätkake segamist madalal kuumusel paar minutit, kuni koostisosad on täielikult segunenud ja saavutanud soovitud konsistentsi.
o) Kui glasuur on liiga paks, lisage veel koort või piima (1 tl korraga). Kui glasuur on liiga õhuke, lisa veel tuhksuhkrut (1 supilusikatäis korraga).
p) Asetage väikese prantsuse otsaga torukotti ja asetage kõrvale.

NENDE KOMPLEKTIDE KOMPLEKTID

q) Tõsta ühe makaronikoore ümber paks nukk suhkruvatti võikreemi või glasuuriga oma valiku. Vajutage õrnalt teist kesta glasuurile, et luua võileib.
r) Aseta valmis makroonid õhukindlasse anumasse ja jahuta üleöö külmikus, seejärel lase neil toatemperatuurini soojeneda ja naudi!

60.Cutton Candy Poke kook

KOOSTISOSAD:
- 1 karp valge koogi segu (või teie lemmik valge koogi retsept)
- ¼ kuni ½ tl suhkruvatti maitseainet (kohanda maitse järgi)
- 2 karpi valge šokolaadi kiirpudingi segu
- 3 tassi piima
- 1 suur anum jahe piits
- 1 pakk suhkruvatti
- Toiduvärv

JUHISED:
a) Valmistage koogitainas vastavalt karbil või retseptis olevatele juhistele.
b) Lisage taignale ¼ kuni ½ tl suhkruvatt ja segage.
c) Valage tainas võiga määritud või pihustatud 13 x 9-tollisse panni ja küpsetage vastavalt kastile või retseptile.
d) Lase koogil restil jahtuda vaid 5-10 minutit.
e) Torka puulusika seljaga koogi sisse augud.
f) Sega kausis kaks väikest karpi kiirpudingi segu ja 3 tassi piima.
g) Lisa pudingisegule toiduvärv, värvid marmoreerides. Töötle kiiresti, et puding enne valamist ei paкseneks.
h) Vala pudingusegu kiiresti koogile, ajades ühtlaselt laiali.
i) Jahuta kook umbes tund aega külmikus.
j) Kata jahtunud kook jaheda vahuga.
k) Vahetult enne serveerimist kata kook suhkruvatiga.

61. Cutton Candy Creme sulab

KOOSTISOSAD:
- 4 untsi toorjuustu
- ¾ teelusikatäit suhkruvatti maitsestatud glasuuriga Creationsi maitsesegu
- 3 tassi tuhksuhkrut
- 2 spl ülipeent suhkrut

JUHISED:
a) Asetage toorjuust ja ¾ tl maitseainepakki segamisnõusse; Sega ühtlaseks ja blenderdada.
b) Lisage järk-järgult tuhksuhkur; Sega, kuni segu muutub jäigaks, paksuks konsistentsiks, nagu pirukataignaks – ära sega üle.
c) Eemaldage segu kausist ja rullige väikesed pallid, mille suurus on ½-tolline kuni ¾-tolline.
d) Veereta pallikesed ülipeeneks suhkruks; Seejärel asetage vahapaberiga kaetud alusele.
e) Tasandage pallid lusikaseljaga veidi, et moodustada ¼-tollised paksud pätsikesed.
f) Lõika lamestatud pallid 38 mm (1 ½-tollise kammlõikuri) abil kammikuteks.

62. Cutton Candy Mousse

KOOSTISOSAD:
- 4 untsi toorjuustu, toatemperatuur
- 2 supilusikatäit suhkruvati siirupit
- 1 spl piima või koort
- 1 tass tuhksuhkrut
- 8 untsi vann Cool Whip'i
- Kaunistuseks kommid, valikuline

JUHISED:
a) Segage mikseri kausis toorjuust, siirup ja piim ühtlaseks massiks.
b) Vahusta aeglaselt sisse tuhksuhkur. Seejärel voldi sisse Cool Whip.
c) Tõsta lusikaga 12 magustoiduklaasi või mis tahes väikesesse serveerimisnõusse.
d) Jahuta vähemalt 3 tundi. Serveeri külmalt.

63. Suhkruvatt Affogato

KOOSTISOSAD:
- 3 lusikatäit vaniljejäätist
- 1 tass kuuma espressot
- suhkruvatt

JUHISED:
a) Vala jäätis laia kaussi.
b) Top suhkruvatt.
c) Valage ringjate liigutustega kuum amps espressot suhkruvatile, kuni see lahustub.
d) Söö kohe.

64.Suhkruvatt Panna Cotta

KOOSTISOSAD:
- 2 tassi rasket koort
- 1/4 tassi suhkrut
- 1 tl vaniljeekstrakti
- 2 pakki (umbes 14g) maitsestamata želatiini
- 1/4 tassi vett
- Kaunistuseks suhkruvatt

JUHISED:
a) Kuumuta potis rõõsk koor ja suhkur keskmisel kuumusel, kuni suhkur on lahustunud. Tõsta tulelt ja sega hulka vanilliekstrakt.
b) Piserdage väikeses kausis želatiin veega ja laske sellel 5 minutit seista, et see õitseks.
c) Pärast õitsemist segage želatiinisegu sooja koorega, kuni see on täielikult lahustunud.
d) Vala segu serveerimisklaasidesse või -vormidesse.
e) Hoia külmkapis vähemalt 4 tundi või kuni taheneb.
f) Enne serveerimist kaunista iga panna cotta väikese suhkruvatitükiga.

65.Cutton Candy riisipuding

KOOSTISOSAD:
- 1 tass Arborio riisi
- 4 tassi piima
- 1/2 tassi suhkrut
- 1 tl vaniljeekstrakti
- Katteks suhkruvatt

JUHISED:
a) Segage suures kastrulis riis, piim ja suhkur.
b) Kuumuta keskmisel kuumusel keemiseni, seejärel alanda kuumust ja hauta aeg-ajalt segades, kuni riis on pehme ja segu paksenenud, umbes 20-25 minutit.
c) Tõsta tulelt ja sega hulka vanilliekstrakt.
d) Tõsta riisipuding lusikaga serveerimisnõudesse.
e) Laske veidi jahtuda, seejärel valage iga portsjon vahetult enne serveerimist ohtra suhkruvatiga.

66.Cutton Candy Cream Puffs

KOOSTISOSAD:
- 1/2 tassi vett
- 1/4 tassi soolamata võid
- 1/2 tassi universaalset jahu
- 2 suurt muna
- Suvila-kommimaitseline vahukoor (valmistatud suhkruvati maitseaine vahukooreks voltimisel)
- Kaunistuseks suhkruvatt

JUHISED:
a) Kuumuta ahi temperatuurini 375 °F (190 °C) ja vooderda küpsetusplaat küpsetuspaberiga.
b) Aja kastrulis vesi ja või keema.
c) Sega hulka jahu, kuni segu moodustab palli ja tõmbub panni külgedelt eemale.
d) Eemaldage kuumusest ja laske veidi jahtuda.
e) Klopi ükshaaval sisse munad, kuni need on täielikult segunenud ja tainas on ühtlane.
f) Tõsta tainas suure ümara otsaga torukotti.
g) Tõsta ettevalmistatud küpsetusplaadile väikesed taignakünkad.
h) Küpseta 20-25 minutit või kuni see on paisunud ja kuldpruun.
i) Laske kreemipunnidel täielikult jahtuda, seejärel täitke kõik suhkruvati maitsestatud vahukoorega.
j) Kaunista enne serveerimist iga kreemipaha peale väikese suhkruvatitükiga.

67.Kapriissed pastelsed puuvillased kommiõunad

KOOSTISOSAD:
- 6 keskmist granny smith õuna (või valik, pestud, kuivatatud ja varred eemaldatud)
- 3 tassi (600 g / 1 nael + 5 untsi) granuleeritud suhkrut
- 1 tass (237 ml) vett
- 1/2 tassi (118 ml) heledat maisisiirupit
- 1 pudel (3/4 teelusikatäit / 3,75 ml) suhkruvatti-kommide maitseõli
- 2 supilusikatäit (30 ml) säravvalget pehmet geeljas toiduvärvi, lisaks 2-3 lisavärvi valikul
- Suhkruvatt
- Glitter/spreid valikul

JUHISED:
a) Vooderda küpsetusplaat silikoonist küpsetusmatiga või määri küpsetusplaadiga.
b) Pista küpsisepulgad umbes 3/4 ulatuses igasse õunasse, tagades, et need ei tuleks põhjast välja.
c) Sega keskmise paksu põhjaga kastrulis suhkur, vesi ja maisisiirup. Pintselda kastruli külgi niiske kondiitripintsliga, et eemaldada hulkuvad suhkrukristallid.
d) Asetage kastrul keskmisele-kõrgele tulele ja kinnitage kommide termomeeter, tagades, et see ei puudutaks kastruli põhja.
e) Laske segul segamatult küpseda, kuni termomeeter jõuab 302 °F-ni (kõva pragude staadium). Valmistage segu küpsemise ajal maitseõli ja värvid.
f) Kui kommkatte temperatuur on saavutanud 302 °F, eemaldage kuumusest ja segage kuumakindla kummilabida abil maitseõli ja seejärel valge värv.
g) Lisage kiiresti ilma segamata tilgad valitud toidugeeli värve, keerates kastrulit üks või kaks korda, et värvid marmoriks muutuda.
h) Kallutage kastrulit nii, et kattekiht koguneks ühele küljele, seejärel kastke/keerake iga õun, kuni see on täielikult kaetud. Laske üleliigsel kattel kastrulisse tagasi tilkuda, seejärel asetage kaetud õunad ettevalmistatud küpsetusplaadile.

i) Kui olete serveerimiseks valmis, torgake igale õunte otsas olevale pulgale paar suhkruvatti. Kaunista vastavalt soovile puiste või säraga.
j) Valikuline: kui kasutate mustriga paberkõrsi, libistage need üle küpsisepulkade ja lõigake ülaosa nii, et need vastaksid pulga kõrgusele.

68. Suhkruvatid

KOOSTISOSAD:
- Suhkruvatt maitsestatud siirup
- 2 tassi piima
- 1/4 tassi suhkrut
- Kaunistuseks suhkruvatt

JUHISED:
a) Vahusta segamiskausis suhkruvatt, piim ja suhkur, kuni need on hästi segunenud.
b) Vala segu popsivormidesse.
c) Sisestage popsipulgad ja külmutage, kuni see on tahke, umbes 4-6 tundi või üleöö.
d) Pärast külmutamist eemaldage popsiklid vormidest.
e) Enne serveerimist kaunista iga paprika väikese suhkruvatitükiga.

69. Cutton Candy Dessert Burrito

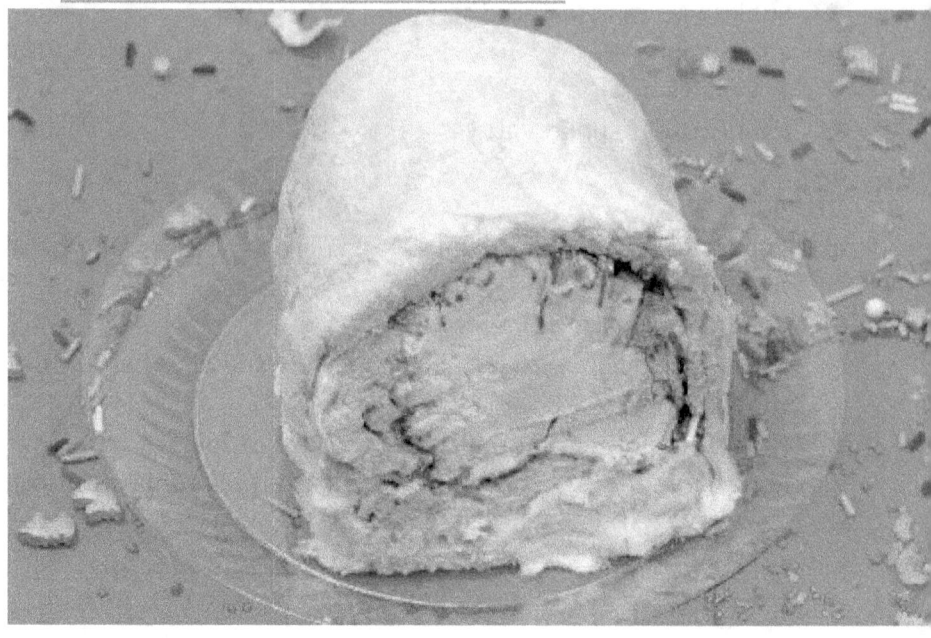

KOOSTISOSAD:
- Niidi suhkur
- Jäätis (soovitatav suhkruvatt)
- Piserdab
- Vahukommid

JUHISED:
a) Suhkruvati partii valmistamiseks järgige Flossi suhkru pakendil olevaid juhiseid.
b) Kui suhkruvatt on valmis, tasandage see ettevaatlikult tortillataoliseks, tagades, et selle paksus on vähemalt ½ tolli.
c) Kata lapik suhkruvatt rikkalikult puiste- ja vahukommikihiga, luues veetleva barjääri suhkruvati ja eelseisva jäätise vahele.
d) Kandke peale puistatud suhkruvatti oma eelistatud jäätise maitset, moodustades magusa südamiku.
e) Puista jäätisele värvilisemaid katteid, tagades visuaalselt atraktiivse lõpptulemuse.
f) Veereta suhkruvatti ja jäätise kombinatsiooni nagu burritot, luues lummava värvide ja tekstuuride keerise.
g) Serveerimiseks lõigake Cotton Candy Burrito pooleks, paljastades selle sees olevad magusa maitse kihid.

70. Cutton Candy Pannkoogikangid

KOOSTISOSAD:
- Pannkoogitainas
- Suhkruvatt maitsestatud siirup
- Vahtra siirup

JUHISED:
a) Valmista oma lemmikpannkoogitainas retsepti või pakendi juhiste järgi.
b) Sega pannkoogitainale paar tilka suhkruvatti maitsestavat siirupit.
c) Kuumuta praepann või mittenakkuva pannil keskmisel kuumusel.
d) Minipannkookide valmistamiseks valage plaadile väikesed taignaringid.
e) Küpseta, kuni pinnale tekivad mullid, seejärel keerake ümber ja küpsetage teiselt poolt kuldpruuniks.
f) Serveeri minipannkooke kastmiseks vahtrasiirupiga ja lisa magususe saamiseks kaunista suhkruvatiga.

71. Cutton Candy Trifle

KOOSTISOSAD:
- 1 pakk vaniljepudingi segu
- 2 tassi külma piima
- Suhkruvatt maitsestatud siirup
- Vahukoor
- Kaunistuseks suhkruvatt
- Koogikuubikud (poest ostetud või omatehtud)
- Maasikad

JUHISED:
a) Valmista vaniljepuding vastavalt pakendi juhistele, kasutades külma piima.
b) Segage pudingule paar tilka suhkruvatti maitsestavat siirupit, kuni see on hästi segunenud.
c) Pisiasja roogi või üksikutesse serveerimisklaasidesse lao kihiti tordikuubikud, suhkruvatt-maitseline puding, maasikad ja vahukoor.
d) Korrake kihte, kuni nõu või klaasid on täidetud.
e) Enne serveerimist pane peale vahukoort ja kaunista suhkruvatiga.

72.Suhkruvati koogirull

KOOSTISOSAD:

- 3 muna
- 3/4 tassi suhkrut
- 1 tl vaniljeekstrakti
- 3/4 tassi universaalset jahu
- 1 tl küpsetuspulbrit
- 1/4 teelusikatäit soola
- Tolmutamiseks tuhksuhkur
- Suhkruvatt maitsestatud siirup
- Vahukoor
- Kaunistuseks suhkruvatt

JUHISED:

a) Kuumuta ahi temperatuurini 375 °F (190 °C) ja vooderda tarretisrull küpsetuspaberiga.
b) Vahusta segamisnõus munad, suhkur ja vaniljeekstrakt paksuks ja kahvatuks.
c) Vahusta eraldi kausis jahu, küpsetuspulber ja sool.
d) Sega kuivained järk-järgult munasegu hulka, kuni need on lihtsalt segunenud.
e) Vala tainas ettevalmistatud pannile ja aja ühtlaselt laiali.
f) Küpseta 10-12 minutit või kuni kook kergelt puudutamisel tagasi vetub.
g) Tõsta koogi servad kohe lahti ja kummuta see puhtale tuhksuhkruga üle puistatud köögirätikule.
h) Rulli kook rätikuga kokku ja lase täielikult jahtuda.
i) Rulli kook lahti ja pintselda suhkruvati maitseaine siirupiga.
j) Määri koogile vahukoor ja rulli tagasi.
k) Enne serveerimist kaunista suhkruvatiga.

73.Cutton Candy juustukook

KOOSTISOSAD:
KOORIKU KOHTA:
- 2 tassi grahami kreekeripuru
- ½ tassi soolata võid, sulatatud
- ¼ tassi granuleeritud suhkrut

JUUSTUKOOGI JAOKS:
- 4 pakki (32 untsi) toorjuustu, pehmendatud
- 1 ¼ tassi granuleeritud suhkrut
- 4 suurt muna
- 1 tass hapukoort
- ½ tassi suhkruvati maitseainet või suhkruvati siirupit
- Roosa toiduvärv (valikuline)
- Konfetid lisavad värvi

KATTEKS:
- Kaunistuseks suhkruvatt
- Vahukoor (valikuline)
- Täiendavad konfettipihustid annavad elava viimistluse

JUHISED:
a) Kuumuta ahi temperatuurini 325 ° F (163 ° C).
b) Segage kausis Grahami kreekeripuru, sulatatud või, suhkur ja konfetipuderid, kuni need on hästi segunenud.
c) Suruge segu 9-tollise vedruvormi põhja, et tekiks koorik.
d) Küpseta koorikut eelsoojendatud ahjus 10 minutit. Eemalda ja lase juustukoogi täidise valmistamise ajal jahtuda.

VALMISTA JUUSTUSTOOGI TÄIDIS:
e) Vahusta toorjuust suures segamiskausis ühtlaseks ja kreemjaks vahuks.
f) Lisa suhkur ja jätka vahustamist, kuni see on hästi segunenud.
g) Lisa ükshaaval munad, pärast iga lisamist korralikult vahustades.
h) Soovi korral sega hulka hapukoor, suhkruvatt ja roosa toiduvärv. Veenduge, et kõik oleks hästi ühendatud ja segage õrnalt konfettipudrud.

KÜPSETAGE JUUSTUKOKI:
i) Vala juustukoogi täidis koorikule.

j) Küpseta eelsoojendatud ahjus 1 tund või kuni keskosa on hangunud ja pealt kergelt kuldne.
k) Lase juustukoogil umbes tund aega lahtise uksega ahjus jahtuda.
l) Kui juustukook on jahtunud, asetage see külmkappi vähemalt 4 tunniks või üleöö.

ÜLEMINE JA serveerimine:
m) Enne serveerimist kata juustukook kapriisse puudutuse saamiseks suhkruvatiga.
n) Soovi korral lisage servadele vahukooretükid ja puistake täiendavaid konfettipuisteid, et anda pidulikku hõngu.
o) Viiluta, serveeri ja naudi.

KRASTUS JA GLAASU

74.Cutton Candy toorjuustu glasuur

KOOSTISOSAD:
- 8 untsi toorjuustu, pehmendatud
- 1/2 tassi soolamata võid, pehmendatud
- 4 tassi tuhksuhkrut
- 1/4 tassi suhkruvatti maitsestavat siirupit
- Kaunistuseks suhkruvatt

JUHISED:
a) Vahusta segamisnõus pehme toorjuust ja või ühtlaseks massiks.
b) Lisage järk-järgult tuhksuhkur, segades, kuni see on hästi segunenud ja kreemjas.
c) Segage suhkruvatti maitsestavat siirupit, kuni see on täielikult segunenud.
d) Kui teie kook või koogid on jahtunud, määrige need suhkruvati toorjuustukreemiga.
e) Enne serveerimist kaunistage suhkruvatti tükkidega, et anda veider puudutus.

75.Cutton Candy Buttercream glasuur

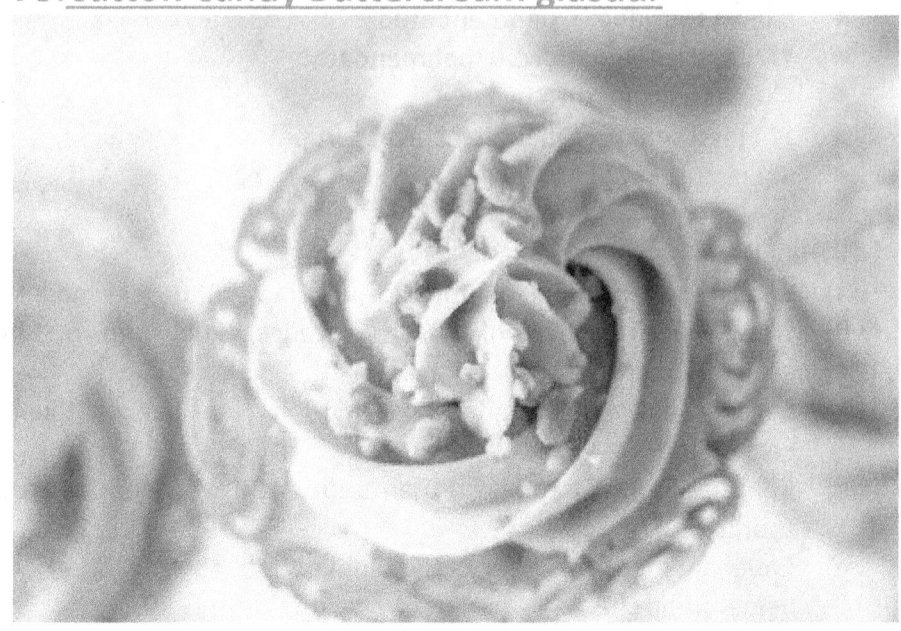

KOOSTISOSAD:
- 1 tass soolata võid, pehmendatud
- 4 tassi tuhksuhkrut
- 1/4 tassi piima
- 1/4 tassi suhkruvatti maitsestavat siirupit
- Kaunistuseks suhkruvatt (valikuline)

JUHISED:
a) Vahusta segamisnõus pehme või kreemjaks.
b) Lisa tassi kaupa vähehaaval tuhksuhkur, pärast iga lisamist korralikult pekstes.
c) Sega hulka piim ja suhkruvatt, kuni see on ühtlane ja kohev.
d) Soovi korral kaunista väikeste suhkruvattidega.
e) Kasutage kookide, koogikeste või küpsiste külmutamiseks.

76.Cutton Candy Glasuur

KOOSTISOSAD:
- 1 tass tuhksuhkrut
- 2-3 supilusikatäit piima
- 2 spl suhkruvatti maitsestavat siirupit
- Kaunistuseks suhkruvatt (valikuline)

JUHISED:
a) Vahusta väikeses kausis tuhksuhkur, piim ja suhkruvatt-maitseaine siirup ühtlaseks massiks.
b) Reguleerige konsistentsi, lisades rohkem piima, kui see on liiga paks, või rohkem tuhksuhkrut, kui see on liiga vedel.
c) Nirista glasuur kookidele, sõõrikutele või saiakestele.
d) Soovi korral kaunista väikeste suhkruvattidega.

77. Cotton Candy Swiss besee võikreem

KOOSTISOSAD:
- 4 suurt munavalget
- 1 tass granuleeritud suhkrut
- 1 1/2 tassi soolamata võid, pehmendatud
- 1/4 tassi suhkruvatti maitsestavat siirupit
- Kaunistuseks suhkruvatt (valikuline)

JUHISED:
a) Vahusta kuumakindlas kausis munavalged ja suhkur.
b) Asetage kauss keeva veega poti kohale, jälgides, et kausi põhi ei puutuks veega kokku.
c) Vahusta pidevalt, kuni suhkur on täielikult lahustunud ja kommide termomeetril saavutab segu temperatuuri 160 °F (71 °C).
d) Eemaldage kuumusest ja viige segu vispliga varustatud mikserisse.
e) Vahusta suurel kiirusel, kuni tekivad jäigad tipud ja segu on jahtunud toatemperatuurini.
f) Lisa vähehaaval mõni supilusikatäis pehme või, jätkates samal ajal keskmisel-suurel kiirusel vahustamist.
g) Kui kogu või on lisatud, segage suhkruvatt, kuni see on ühtlane ja kohev.
h) Soovi korral kaunista väikeste suhkruvattidega.
i) Kasutage kookide või koogikeste külmutamiseks.

78.Suhkruvati glasuur valge šokolaadiga

KOOSTISOSAD:
- 1 tass valge šokolaadi laastud
- 2 spl piima
- 2 spl suhkruvatti maitsestavat siirupit
- Kaunistuseks suhkruvatt (valikuline)

JUHISED:
a) Kuumuta mikrolaineahjus kasutatavas kausis valge šokolaaditükid ja piim 30-sekundiliste intervallidega, vahepeal segades, kuni need on sulanud ja ühtlased.
b) Segage suhkruvatt-maitseaine siirupit, kuni see on hästi segunenud.
c) Kui glasuur on liiga paks, lisa 1 tl kaupa juurde piima, kuni saavutad soovitud konsistentsi.
d) Nirista glasuur kookide, küpsiste või küpsetiste peale.
e) Soovi korral kaunista väikeste suhkruvattidega.

79. Cutton Candy Royal Icing

KOOSTISOSAD:
- 2 tassi tuhksuhkrut
- 2 spl beseepulbrit
- 3 spl vett
- 1/4 tassi suhkruvatti maitsestavat siirupit
- Kaunistuseks suhkruvatt (valikuline)

JUHISED:
a) Vahusta segamisnõus tuhksuhkur ja beseepulber.
b) Lisa vähehaaval vesi ja suhkruvatt-maitseaine siirup, sega ühtlaseks ja läikivaks.
c) Kui glasuur on liiga paks, lisa 1 teelusikatäie kaupa vett, kuni saavutad soovitud konsistentsi.
d) Viige glasuur väikese ümmarguse otsaga torukotti.
e) Kasutage küpsiste, kookide või muude küpsetiste kaunistamiseks.
f) Soovi korral kaunista väikeste suhkruvattidega.

80. Cutton Candy Ganache

KOOSTISOSAD:
- 1 tass rasket koort
- 8 untsi valget šokolaadi, tükeldatud
- 1/4 tassi suhkruvatti maitsestavat siirupit
- Kaunistuseks suhkruvatt (valikuline)

JUHISED:
a) Kuumuta potis koort keskmisel kuumusel, kuni see hakkab podisema.
b) Pane tükeldatud valge šokolaad kuumakindlasse kaussi.
c) Vala kuum koor valge šokolaadi peale ja lase 2-3 minutit seista, et šokolaad pehmeneks.
d) Vahusta segu õrnalt, kuni šokolaad on täielikult sulanud ja ühtlane.
e) Segage suhkruvatt-maitseaine siirupit, kuni see on hästi segunenud.
f) Lase ganache'il enne glasuuri või glasuurina kasutamist veidi jahtuda.
g) Soovi korral kaunista enne ganache'i tardumist väikeste suhkruvatitükkidega.
h) Kasutage ganache'i kookide, koogikeste või magustoitude peale niristamiseks, et saada maitsvat suhkruvatt.

JOOGID

81. Cutton Candy Martini

KOOSTISOSAD:
- 1 ½ untsi vaniljeviina
- 1 unts vaarika viina
- 1 ½ untsi suhkruvati siirupit
- 1 unts pool ja pool

JUHISED:
a) Riista jahutatud martini- või kupeeklaas lihvsuhkruga.
b) Täida šeiker jääga ja lisa kokteili koostisosad.
c) Kata šeiker ja loksuta, kuni segu on külm.
d) Kurna kokteil ettevalmistatud klaasi.
e) Kaunista kommidega.

82.suhkruvatt Margarita

KOOSTISOSAD:
- 15 grammi suhkruvatti + kaunistuseks väike nukk
- ½ untsi laimimahla (umbes ½ laimi)
- Suhkur, ääristamiseks
- 1 unts tequila Blancot
- 1 unts kolmekordset sekundit
- 1 unts UV-koogiviin

JUHISED:
a) Täida šeiker jääga pooleldi täis.
b) Lisa šeikerisse 15 grammi suhkruvatti.
c) Lisa sheikerisse laimimahl.
d) Niisutage kasutatud laimi poolega klaasiäärt ja ääristage see suhkruga.
e) Täida klaas jääga.
f) Lisa ülejäänud koostisosad kokteilišeikerisse.
g) Loksutage tugevalt viisteist sekundit.
h) Kurna, kaunista väikese suhkruvatiga ja serveeri.

83. Cutton Candy Milkshake Shots

KOOSTISOSAD:
- 2 pinti vaniljejäätist VÕI suhkruvatti jäätist
- 1 ½ tassi suhkruvatti (mis tahes värvi)
- ½ tassi külma piima, vajadusel rohkem
- 1 tl vaniljeekstrakti
- ¼-½ tassi viina (valikuline)
- Suhkruvatt, kaunistuseks
- Sulatatud valge šokolaad (valikuline)
- Pritsid (valikuline)

JUHISED:
a) Klaasi pritsmetega ääristamiseks kastke iga ampsuklaas sulatatud valgesse šokolaadi ja veeretage seejärel puistates. Aseta sügavkülma.
b) Segage segistis jäätis, suhkruvatt, piim, vanill ja viin (kui kasutate). Blenderda ühtlaseks.
c) Jagage piimakokteil 6 klaasi vahel.
d) Täida igale suhkruvatt ja joo kohe ära.

84.Cutton Candy kohv

KOOSTISOSAD:
- 2 ampsu espressot
- 1 tass piima
- 1 peotäis jääkuubikuid
- 1 peotäis suhkruvatti

JUHISED:
a) Valage jääkuubikutega klaasi soovitud kogus piima.
b) Vormige suhkruvatt õrnalt pall, mis on veidi suurem kui klaasi ülaosa. Pista varras läbi suhkruvati palli keskele ja aseta see klaasile.
c) Valage kuum espresso aeglaselt suhkruvatile.
d) Sega korralikult läbi ja serveeri kohe. Nautige mõnusat kohvi ja suhkruvati magususe kombinatsiooni.

85. Cutton Candy Frappuccino

KOOSTISOSAD:
- 1 tass jääd
- 1 tass piima
- 3 tassi vaniljejäätist
- 2 spl vaarikasiirupit
- Vahukoor
- Maisisiirup
- Valged puistad

JUHISED:
a) Lisage väike kogus maisisiirupit paberrätikule ja hõõruge õrnalt kahe klaasi serva. Valage velgedele puistad või süvendage veljed taldrikule laotatud puistetega. Kõrvale panema.
b) Segage segistis jää, piim, jäätis ja vaarikasiirup. Blenderda ühtlaseks.
c) Valage segu ettevalmistatud klaasidesse.
d) Tõsta peale vahukoor ja serveeri.

86.Marja-kommikokteil

KOOSTISOSAD:
- 2 untsi vaniljeviina
- 3 untsi jõhvikamahla
- ½ untsi maasika lihtsat siirupit
- ½ untsi värskelt pressitud sidrunimahla
- Jää
- Kaunistuseks roosa suhkruvatt

JUHISED:
a) Lisa kokteilišeikerisse jää, vaniljeviin, jõhvikamahl, maasika lihtsiirup ja sidrunimahl.
b) Raputage jahtuma.
c) Kurna kiviklaasi värske jää peale.
d) Kaunista roosa suhkruvati kohevaga.

87.Cherry Cotton Candy kokteil

KOOSTISOSAD:
- 1 suur kohev valge, punane või roosa suhkruvatt
- 2 untsi kirsiviina
- 1 unts grenadiin
- Jää
- Sidruni-laimi sooda tipuks
- Kaunistuseks kirsid

JUHISED:
a) Highballi klaasis täitke kolmveerand suhkruvatiga.
b) Täitke ülejäänud ruum jääga.
c) Lisa jää, kirsiviin ja grenadiin.
d) Segamiseks segage korraks.
e) Lisa sidruni-laimi soodaga.
f) Kaunista kirssidega.

88.Unenäoline suhkruvatt Martini

KOOSTISOSAD:
- 1½ untsi rosé
- 1 unts Aperol
- 1 unts limonaadi
- Jää
- Kaunistuseks suhkruvatt

JUHISED:
a) Jahutage martiniklaasi või kupee.
b) Lisage kokteilišeikerisse jää, rosé, Aperol ja limonaad.
c) Raputa jahtuma.
d) Kurna jahutatud klaasi.
e) Kaunista suhkruvatiga.

89. Fairy Floss Martini

KOOSTISOSAD:
- 2 untsi vaniljeviina
- 1 unts arbuusimahla
- ½ untsi granaatõuna mahla
- ½ untsi värskelt pressitud sidrunimahla
- Jää
- Kaunistuseks suhkruvatt

JUHISED:
a) Jahutage martiniklaasi või kupee.
b) Lisa kokteilišeikerisse jää, vaniljeviin, arbuusimahl, granaatõunamahl ja sidrunimahl.
c) Raputage jahtuma.
d) Kurna jahutatud klaasi.
e) Kaunista suhkruvatiga.

90. Cutton Candy Cream Soda

KOOSTISOSAD:
- 1/4 tassi suhkruvatti maitsestavat siirupit
- Koor sooda
- Jääkuubikud
- Kaunistuseks suhkruvatt

JUHISED:
a) Täida klaas jääkuubikutega.
b) Vala klaasi suhkruvatt-maitseaine siirup.
c) Top koorega soodaga.
d) Kaunista väikese suhkruvatitükiga.
e) Sega õrnalt ja naudi oma kreemjat ja magusat suhkruvatt-kooresoodat!

91.Sädelev suhkruvatiprits

KOOSTISOSAD:
- 1 unts džinn
- ½ untsi värskelt pressitud sidrunimahla
- ¼ untsi lihtsat siirupit
- Jää
- Prosecco tipuks
- Kaunistuseks suhkruvatt

JUHISED:
a) Jahutage šampanja flööti.
b) Lisa kokteilišeikerisse jää, džinn, sidrunimahl ja lihtne siirup.
c) Raputage jahtuma.
d) Kurna jahutatud klaasi.
e) Täida proseccoga.
f) Kaunista suhkruvatiga.

92.Blue Lagoon Cotton Candy kokteilid

KOOSTISOSAD:
- Suhkruvati kohev
- 1 unts viina või valget rummi
- 1-unts sinine curaçao
- 3 untsi limonaadi
- ½ untsi limoncello
- Jää

JUHISED:
a) Täida kiviklaas kolmveerand ulatuses suhkruvatiga.
b) Täitke ülejäänud ruum jääga.
c) Lisage kokteilišeikerisse jää, viin, sinine curaçao, limonaad ja limoncello.
d) Raputage jahtuma.
e) Kurna ettevalmistatud kiviklaasi.

93. Cutton Candy kuum šokolaad

KOOSTISOSAD:
- 2 tassi piima
- 1/4 tassi valge šokolaadi laastud
- Kaunistuseks suhkruvatt

JUHISED:
a) Kuumuta potis piim keskmisel kuumusel kuumaks, kuid mitte keemiseni.
b) Sega hulka valge šokolaadi laastud, kuni need on sulanud ja ühtlased.
c) Vala kuum šokolaad kruusidesse.
d) Kaunista iga kruus väikese suhkruvatitükiga vahetult enne serveerimist.
e) Sega suhkruvatt kuuma šokolaadi hulka, et saada magus ja kreemjas maiuspala.

94.Cutton Candy piimakokteil

KOOSTISOSAD:
- 2 tassi vaniljejäätist
- 1/2 tassi piima
- 1/4 tassi suhkruvati siirupit
- Vahukoor (valikuline)
- Kaunistuseks suhkruvatt (valikuline)

JUHISED:
a) Sega segistis vanillijäätis, piim ja suhkruvati siirup.
b) Blenderda ühtlaseks ja kreemjaks.
c) Valage klaasidesse.
d) Pealt vahukoorega ja soovi korral kaunista suhkruvattiga.
e) Serveeri kohe ja naudi oma suhkruvatti piimakokteili!

95. Cutton Candy Sparkler

KOOSTISOSAD:
- 3 untsi viina
- ½ tl Amoretti puuvillakommide maitseainet
- Vahuvesi, ülaosas

GARNISEERIMISEKS
- Roosa lihvsuhkur
- Maisisiirup
- Suhkruvatt

JUHISED:
a) Esiteks valmistage tassid ette. Tupsutage maisisiirupit ümber klaasi serva ja veeretage seda roosas lihvsuhkrus.
b) Sega šeikerpudelis viin ja suhkruvatt. Segamiseks loksutage korralikult.
c) Valage viina segu ettevalmistatud klaasi.
d) Värskendava kihise saamiseks lisage kokteili vahuveega.
e) Kaunista äärt suhkruvatiga, et saada armas ja kapriisne käänd.
f) Nautige oma vatikommide sädemekokteili!

96.Cutton Candy Ananassi sooda

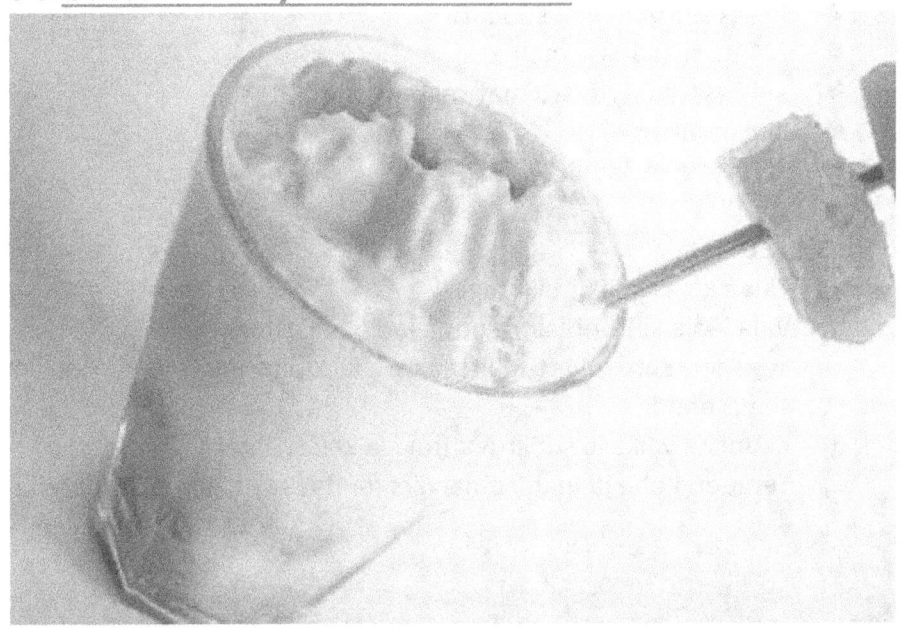

KOOSTISOSAD:
- 1 tass sidruni-laimi soodat
- 1/4 tassi ananassimahla
- 1/4 tassi suhkruvatti maitsestavat siirupit
- Jääkuubikud
- Kaunistuseks suhkruvatt

JUHISED:
a) Täida klaas jääkuubikutega.
b) Vala jääle sidruni-laimi sooda ja ananassimahl.
c) Segage suhkruvatt-maitseaine siirupit, kuni see on hästi segunenud.
d) Kaunista väikese suhkruvatitükiga klaasi äärel.
e) Serveeri kohe ja naudi oma värskendavat suhkruvatti kokteili!

97.Cutton Candy jäätee

KOOSTISOSAD:
- 1 tass keedetud jäätee, jahutatud
- 1/4 tassi suhkruvatti maitsestavat siirupit
- Jääkuubikud
- Kaunistuseks suhkruvatt

JUHISED:
a) Sega klaasis jahutatud pruulitud jäätee ja suhkruvatt-maitseaine siirup.
b) Lisa klaasile jääkuubikud.
c) Sega, kuni see on hästi segunenud.
d) Kaunista väikese suhkruvatitükiga.
e) Serveeri kohe ja naudi oma magusat ja maitsekat suhkruvatti jääteed!

98. Cutton Candy Punch

KOOSTISOSAD:
- 2 tassi ananassimahla
- 2 tassi jõhvikamahla
- 1 tass sidruni-laimi soodat
- 1/4 tassi suhkruvatti maitsestavat siirupit
- Jääkuubikud
- Kaunistuseks suhkruvatt

JUHISED:
a) Segage suures kannus ananassimahl, jõhvikamahl, sidruni-laimi sooda ja suhkruvatt-maitseaine siirup.
b) Sega, kuni see on hästi segunenud.
c) Lisage üksikutele klaasidele jääkuubikuid.
d) Valage punch jääle.
e) Kaunista iga klaas väikese suhkruvatitükiga.
f) Serveeri kohe ja naudi oma särtsakat ja maitsekat suhkruvatti!

99. Suhkruvati limonaad

KOOSTISOSAD:
- 1-galloni limonaad
- 3 supilusikatäit suhkruvatti
- Jää

JUHISED:
a) Valage limonaad suurde kannu.
b) Segage suhkruvatti, kuni see on limonaadis täielikult lahustunud.
c) Valage suhkruvatiga limonaad jääle.
d) Täiendava naudingu saamiseks lisage vahetult enne joomist suhkruvatti.
e) Lisage see kindlasti viimasel sekundil, kuna see lahustub kiiresti.

100. Cutton Candy Mocktail

KOOSTISOSAD:
KARIKAVELJA DEKORATSIOONID:
- laimi viilud
- ¼ tassi puista- või kaunistussuhkrut

JOOK:
- 3 untsi suhkruvatt
- 12 untsi. sidruni-laimi sooda

GARNESID:
- 3 untsi suhkruvatti
- kirss valikuline

JUHISED:
VELJE KAUNISTUS: (VALIKULINE)
a) Lõika laimist viil ja viiluta see keskelt lahti.
b) Valage sprinklid väikesele taldrikule, piisavalt sügavale, et katta tassi serv.
c) Kasutage laimikiilu, et niisutada tassi serva, libistades seda lõpuni.
d) Pöörake tass tagurpidi puisteplaadi sisse, et need kataks serva.

JOOKI VALMISTAMINE:
e) Asetage ettevaatlikult tassi põhja veidi suhkruvatti, reguleerides kogust vastavalt tassi suurusele.
f) Valage soodat suhkruvatile ja vaadake, kuidas see soodasse lahustub.
g) Kaunista topsi peal veel suhkruvatti ja lisa kõrs. Veenduge, et dekoratiivne suhkruvatt ei puutuks kokku vedelikuga, et vältida kiiret lahustumist.

KOKKUVÕTE

Kui jõuame "Ilusa puuvillase kommide kokaraamatu" lõppu, loodame, et teile meeldis avastada suhkruvattidest inspireeritud magustoitude kapriisset maailma ja avastada uusi viise magusaisu nautimiseks. Alates kohevatest koogikestest ja kreemjatest piimakokteilidest kuni dekadentlike pruunide ja õrnade makaronideni – selle kokaraamatu retseptid pakuvad ahvatlevat valikut magusaid fantaasiaid, mis rõõmustavad ja inspireerivad.

Soovitame teil katsetada erinevaid maitseid, värve ja tehnikaid, et muuta need retseptid enda omaks. Lõppude lõpuks seisneb suhkruvattide ilu selle mitmekülgsuses ja võimes äratada kujutlusvõimet. Nii et ärge kartke olla loomingulised ja laske oma magusatel unistustel lennata.

Täname, et liitusite meiega sellel maitsval seiklusel. Olgu teie päevad täidetud erksate maitsete, õrnade kohevuse ja rohke magusa maitsega. Head kokkamist!

www.ingramcontent.com/pod-product-compliance
Lightning Source LLC
Chambersburg PA
CBHW071330110526
44591CB00010B/1091